Preparación para las evaluaciones de Texas

Grado 2

TEXAS
SENDEROS

TEXAS
FUENTE DE
ESCRITURA

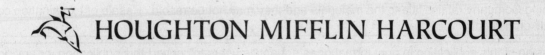

HOUGHTON MIFFLIN HARCOURT

Contenido

Cómo usar este libro

Este libro te ayudará a practicar para las pruebas de lectura y escritura de Texas. El libro consta de cuatro partes: Lectura, Escritura, Revisión y Corrección.

- **Lectura**   Esta parte incluye pasajes de diversos géneros. Un **género** es un tipo de escritura, como por ejemplo, ficción o poesía. Las **Sugerencias** te guiarán mientras lees los pasajes y contestas las preguntas.

- **Escritura**   Esta parte incluye temas de escritura que te indican sobre lo que debes escribir. También incluye ejemplos de escritura de otros estudiantes para mostrarte cómo escribir correctamente.

- **Revisión y Corrección**   Estas partes te ayudan a practicar maneras de mejorar tu escritura.

Gana puntos con tu respuesta

- **Preguntas de opción múltiple**   Rellena por completo los círculos de las respuestas correctas en la hoja del examen. Comprueba tu trabajo. Asegúrate de no saltarte ninguna pregunta ni de rellenar más de un círculo para la misma pregunta.

- **Temas de escritura**   Puedes usar una hoja de papel aparte para escribir tu primer borrador. Haz todas los cambios en este borrador. Escribe el borrador final de la forma más clara que te sea posible. Asegúrate de que tu borrador final no tenga más de una página.

Lee las señales

Mientras trabajes con este libro te vas a encontrar las señales y los símbolos que aparecen abajo. Asegúrate de comprender lo que significan.

Lee esta selección.	Las palabras de los recuadros dan instrucciones. Léelas cuidadosamente para asegurarte de que comprendas lo que debes hacer.
En el párrafo 10, la palabra <u>género</u> significa —	Las palabras subrayadas de una pregunta significan que también están subrayadas en el pasaje.
¿Cuál es la **MEJOR** forma de corregir la oración 7?	Palabras tales como **MEJOR** significan que debes elegir la respuesta que tenga más sentido.
SIGUE ➡	Cuando veas esta flecha debes seguir en la próxima página.
ALTO	Cuando veas el signo de ALTO debes parar de escribir.

Práctica para las evaluaciones de Texas

Nombre _____ Fecha _____

TEKS 2.5B, 2.6A, 2.9B, 2.16, RC-2(D), RC-2(E)

Ficción

Género: Vistazo general

Un cuento de **ficción** es un cuento que se inventa, es decir, no es real. Tiene al menos un **personaje**, al menos un **escenario** y una **trama**. El autor junta estos tres elementos de modo que cuenten un cuento de la mejor manera posible.

Al leer ficción, busca los **personajes**. Ellos son las personas o los animales del cuento. Piensa en lo que piensan, hacen y dicen.

El **escenario** es el lugar y el tiempo en que sucede el cuento. Para identificar el escenario, pregunta dónde y cuándo ocurre el cuento.

La **trama** es lo que pasa en el cuento. Se compone de sucesos que suceden en orden.

A veces el cuento incluye una moraleja, o **tema**. La moraleja es el mensaje, o lección, que el autor quiere compartir con el lector. En una fábula como *El león y el ratón,* el autor incluye una moraleja al final.

El escritor de ficción no siempre explica las ideas o sucesos del cuento. El lector tendrá que **inferir** para averiguar lo que está sucediendo. Lo hará buscando información en el texto para deducir lo que el escritor quiere decir.

Al leer, mira las ilustraciones e imágenes del cuento. Las palabras y las imágenes se complementan para ayudarte a comprender mejor lo que estás leyendo.

Al leer, es posible que no sepas el significado de algunas palabras. Una palabra puede tener más de un significado. Mira las palabras a su alrededor para ayudarte a descubrir lo que significan.

Nombre _____ Fecha _____

Ficción

**Lee esta selección. Luego contesta las preguntas que siguen.
Rellena el círculo de la respuesta correcta.**

El león y el ratón

1   Era un caluroso día de verano en la selva. Un
león estaba durmiendo la siesta bajo un árbol
grande. De repente, un ratón pasó por encima de la
cola del león. El león se despertó. Estaba muy
enfadado.

2   Agarró al ratón por la cola y gritó: —¿Cómo te
atreves a perturbar mi descanso? ¡Te voy a engullir
en mi cena!

3   El ratón le suplicó al león que lo dejara ir: —¡Por
favor no me haga daño, rey León! Si me deja en
libertad, tal vez algún día yo lo pueda ayudar.

4   El león pensó que era una idea divertida.

—¿Cómo es posible que alguien tan pequeño como
tú ayude a un león enorme como yo? —dijo
mientras miraba al pequeño ratón y se reía—. Eres
tan pequeño que no sirves ni para una buena
comida.

Entonces el león dejó huir al ratón.

> **Sugerencia**
>
> ¿Por qué el león se ríe del
> ratón? Sigue leyendo para
> averiguar cómo cambia de
> opinión el león sobre el ratón
> al final del cuento.

9

Ficción

TEKS 2.5B, 2.6A, 2.9B, 2.16, RC-2(D), RC-2(E)

5   Unos días más tarde, el león fue en busca de alimentos. Pisó la red de un cazador que estaba cubierta de hojas. Se enredó en la red y quedó atrapado.

6   —¡Estoy atrapado! ¡Ayúdenme! —rugía el león. Pero los demás animales no querían rescatarlo. Tenían miedo de que el león se los comiera. Pasaban a su lado y fingían no oírlo.

7   El ratón, sin embargo, corrió a ayudarlo. Subió por las patas del león y se puso a trabajar. Masticó la red y dejó en libertad al león.

8   —¡Gracias! ¡Me salvaste! —dijo el león—. Nunca más volveré a juzgar a nadie por su tamaño.

Sugerencia

Piensa en el tema del cuento. ¿Qué mensaje desea compartir el autor con sus lectores?

1 Lee las palabras de la red.

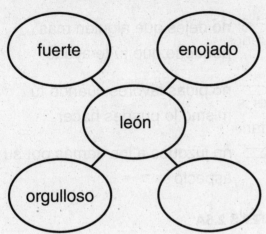

fuerte

enojado

león

orgulloso

¿Qué palabra debe ir en la red?

⬭ terco

⬭ tonto

⬭ agradecido

TEKS 2.9B

2 La palabra engullir en el párrafo 2 significa—

⬭ comer rápidamente

⬭ cantar como los gallos

⬭ quitarle algo a alguien

TEKS 2.5B

Sugerencia
A veces una palabra tiene muchos significados. Para averiguar su significado correcto, fíjate en las demás palabras de la oración.

3 ¿Qué sucede antes de que el león deje en libertad al ratón?

⬭ El león pide ayuda.

⬭ El ratón despierta al león.

⬭ El león queda atrapado en la red.

TEKS RC-2(E)

Sugerencia
¿En qué orden pasaron los sucesos del cuento?

SIGUE ➡

4 En el párrafo 7, el lector puede inferir que el ratón es—

- ⃝ miedoso

- ⃝ amable

- ⃝ comelón

TEKS RC-2(D)

Sugerencia
Fíjate en las pistas del párrafo como ayuda para responder a la pregunta.

5 De acuerdo a la ilustración y al párrafo 7, ¿cómo ayuda el ratón al león?

- ⃝ Usa sus largos y afilados dientes para masticar la red.

- ⃝ Usa sus patas para soltar de la red al león.

- ⃝ Busca otro animal para sacar al león de la red.

TEKS 2.16

Sugerencia
Vuelve a leer el párrafo 7 y trata de imaginar lo que sucede. ¿De qué manera te ayudó la ilustración?

6 El tema de la selección es—

- ⃝ no dejes que alguien más pequeño que tú te ayude

- ⃝ no pidas favores cuando tú mismo lo puedes hacer

- ⃝ no juzgues a los demás por su aspecto

TEKS 2.6A

ALTO

Grado 2: Ficción

Nombre _____ Fecha _____

TEKS 2.3B, 2.5A, 2.10, 2.11, RC-2(D), RC-2(E)

No ficción literaria

Género: Vistazo general

La **no ficción** nos cuenta de personas y sucesos reales. Nos proporciona hechos y detalles acerca de un **tema**, que es la persona o la cosa sobre la que se escribe. Los **hechos** son enunciados o ideas ciertas. Por lo general, el autor presenta los acontecimientos en el orden en que sucedieron.

A veces, una parte de la selección te puede confundir. Si algo no tiene sentido, para y hazte preguntas sobre el texto. Utiliza hechos y detalles de la selección para apoyar tus respuestas. Por ejemplo, si no estás seguro cuándo ocurre un suceso, piensa en cuándo otros eventos sucedieron.

Al leer, es posible que encuentres palabras que no conoces. A veces, estas palabras tienen una parte inicial, o **prefijo,** que sí conoces. También pueden tener una parte final, o **sufijo,** que reconoces. Por ejemplo, el prefijo *auto-* significa "uno mismo". El automóvil es una máquina que se mueve por sí misma.

También podrías encontrar palabras y frases que tienen más de un significado. Por ejemplo, si dices "Pásame la hoja", tendrían que preguntarte si hablas de la página de un cuaderno o de la parte de una planta.

No ficción literaria

TEKS 2.3B, 2.5A, 2.10, 2.11, RC-2(D), RC-2(E)

> **Lee esta selección. Luego contesta las preguntas que siguen.**
> **Rellena el círculo de la respuesta correcta.**

Abuela Moses

1   ¿Te imaginas a una persona que nunca ha tomado una lección de arte, pero que llega a convertirse en una pintora famosa? Eso es lo que le ocurrió a una abuela pequeña y de pelo gris. Su nombre era Anna Mary Robertson Moses. La gente le decía Abuela Moses.

2   A Abuela Moses le gustaba dibujar. Al principio, cosía dibujos sobre tela. Luego, con el tiempo, sus manos le empezaron a doler cuando cosía. Por eso decidió ponerse a pintar. ¡Se convirtió en pintora en el año 1935. ¡A los 75 años!

Sugerencia
Piensa en el orden en que suceden las cosas en la selección.

3   Pintó su primer cuadro en un pedazo de tela. Usó pintura de pintar casas. Al principio, copiaba las imágenes de tarjetas postales. Luego, comenzó a pintar las cosas que recordaba de su infancia.

4   Cuando Abuela Moses era una niña, vio a la gente que usaba la savia del árbol de arce para elaborar sirope y azúcar. "Sacando azúcar" (del inglés *Sugaring off*) es el nombre especial que se da a lo que sucede cuando se recoge la savia de los árboles de arce para convertirla en azúcar y sirope.

5   Abuela Moses pintó muchos cuadros acerca de cómo se saca el azúcar de arce. Mostró a la gente llevando baldes de savia de los árboles. Mostró las ollas de savia hirviendo y la cabaña donde se procesa el azúcar. Abuela Moses agregó toques de brillo <u>hermosos</u> a sus pinturas. La nieve en sus cuadros <u>bailaba</u> y destellaba.

6   Abuela Moses creó más de 1,600 pinturas. De hecho, pintó 25 cuadros en su último año de vida, ¡a los 100 años de edad!

Sugerencia

Esta selección ¿es de ficción o de no ficción? Vuelve a mirar los hechos del cuento. ¿Abuela Moses fue una persona de la vida real?

SIGUE ➡

Grado 2: No ficción literaria

1 Esta es una selección de no ficción porque—

⬭ trata de una persona inventada

⬭ trata de una persona de verdad

⬭ nunca ocurrió

TEKS 2.10

2 ¿Qué oración dice al lector que Abuela Moses no pasó toda su vida pintando?

⬭ *¡Se convirtió en pintora en 1935. ¡A los 75 años!*

⬭ *Pintó su primer cuadro en un pedazo de tela.*

⬭ *Abuela Moses pintó muchos cuadros acerca de cómo se saca el azúcar de arce.*

TEKS RC-2(D)

Sugerencia
Piensa en lo que se describe en cada opción de respuesta.

3 ¿Qué párrafo describe lo que Abuela Moses usaba para pintar?

⬭ El párrafo 1

⬭ El párrafo 2

⬭ El párrafo 3

TEKS 2.3B

Sugerencia
Vuelve a leer los párrafos para encontrar los detalles que responden a la pregunta.

SIGUE ➡

Grado 2: No ficción literaria

Nombre _____ Fecha _____

4 En el párrafo 5, el sufijo *–osos* en la palabra <u>hermosos</u> significa—

⬭ otra vez

⬭ con cualidad de

⬭ no

TEKS 2.5A

5 El párrafo 5 dice que la nieve <u>bailaba</u>, ¿cómo ocurría eso?

⬭ Había pies que golpeaban la nieve.

⬭ La nieve se estaba derritiendo.

⬭ El destello hacía parecer que la nieve se movía.

TEKS 2.11

Sugerencia
La palabra <u>bailaba</u> describe qué aspecto tiene la nieve. No significa que está bailando de verdad.

6 Lee la tabla y contesta la pregunta de abajo.

Abuela Moses cosía dibujos sobre tela.
↓
Sus manos le empezaron a doler.
↓
↓
Copiaba las imágenes de tarjetas postales.

¿Qué suceso debes añadir a la tabla?

⬭ Se convirtió en pintora.

⬭ Pintó gente que llevaba savia.

⬭ Pintó cuando tenía 100 años.

TEKS RC-2(E)

Sugerencia
Esta tabla muestra el orden de los sucesos. Piensa qué suceso falta.

ALTO

Texto expositivo

Género: Vistazo general

El **texto expositivo** da hechos e información sobre un tema. Cuando leas un texto expositivo, busca la idea principal. La **idea principal** es, por lo general, una oración que dice de qué trata principalmente el texto. El autor del texto expositivo da detalles y datos que apoyan la idea principal.

Los autores escriben un texto expositivo con un **propósito** determinado, o razón. Puede ser que deseen ofrecer información sobre un tema. O, es posible que deseen explicar cómo hacer algo.

Un texto expositivo puede incluir instrucciones o pasos a seguir. Por lo general, las instrucciones o pasos están organizados en **secuencia**. Esto significa que la información se da en un orden específico.

El texto expositivo usa **características del texto** tales como ilustraciones, pies de foto, letra resaltada en negritas, o encabezamientos. Estas características ayudan a encontrar o a conocer información nueva. Por ejemplo, un encabezamiento se coloca encima de un párrafo e indica qué tipo de información se halla en ese párrafo.

Texto expositivo

Lee esta selección. Luego contesta las preguntas que siguen.
Rellena el círculo de la respuesta correcta.

Alimentar a los pájaros

1   Pájaros de distintos tipos buscan su comida en distintos lugares. Es por eso que hay muchos tipos de comederos para pájaros.

Comederos colgantes

2   Los colibríes y las oropéndolas comen en comederos para colibríes que contienen agua con azúcar. Los pájaros sorben el agua a través de un tubo. Los comederos para colibríes cuelgan de un gancho.

3   Otro tipo, es el comedero de poste. Este comedero está lleno de semillas y se coloca en la parte superior de un poste alto. A los pájaros les gusta posarse en el comedero. Es posible que veas petirrojos, pájaros carpinteros y palomas posados en los comederos de poste.

Comederos para colocar en el suelo

4   Muchos pájaros comen en el suelo. Puedes darles de comer en un comedero de bandeja. Este comedero es plano como un plato. Sólo tienes que poner semillas, palomitas de maíz o pan en la bandeja en el suelo. Luego, mira como los gorriones, las matracas y los arrendajos azules se reúnen alrededor.

> **Sugerencia**
>
> El título de esta selección es "Alimentar a los pájaros". Este es el tema. ¿Qué oración da la idea principal del párrafo 4?

Texto expositivo

TEKS 2.14A, 2.14B, 2.14C,
2.14D, 2.15B

Comederos que puedes hacer

5   Si quieres hacer un proyecto de arte divertido,
intenta hacer un comedero para pájaros de piña de
pino. Con la ayuda de un adulto, podrías hacer este
regalo especial para los pájaros de tu vecindario.

6   Primero, corta un trozo largo de cuerda y átala a
la parte superior de la piña. Luego, unta la
mantequilla de cacahuate alrededor de la piña.
Después vierte alpiste en el plato y rueda la piña
por el alpiste. ¡Tu primer comedero de piña de pino
está listo!

7   Para tu próximo comedero, usa semillas de
girasol. A muchos pájaros les encantan las semillas
de girasol, especialmente a los cardenales, los
carboneros y los jilgueros. Siempre pídele ayuda a
un adulto para colgar tu comedero de un árbol.

Sugerencia

Piensa en cómo las características del texto pueden ayudarte a encontrar la información en el texto. ¿Qué dice en el encabezamiento?

Grado 2: Texto expositivo

© Houghton Mifflin Harcourt Publishing Company

1 Lee la información de la tabla. Úsala para responder la pregunta.

Tipos de comedero de pájaros	Tipos de pájaros
Comedero para colibríes	Colibríes y oropéndolas
Comedero de poste	
Comedero de bandeja	Gorriones, matracas y arrendajos azules

¿Qué pájaros se deberían añadir a la tabla?

- ⬭ oropéndolas, matracas y gorriones
- ⬭ petirrojos, pájaros carpinteros y palomas
- ⬭ colibríes y arrendajos azules

TEKS 2.14B

> **Sugerencia**
>
> Cada párrafo tiene datos diferentes. ¿Qué párrafo tiene datos sobre los comederos de poste?

2 ¿Cuál es la idea principal de *Alimentar a los pájaros*?

- ⬭ Hay muchos tipos de pájaros.
- ⬭ Los pájaros consiguen alimento de varias maneras.
- ⬭ Algunos pájaros son más fáciles de alimentar que otros.

TEKS 2.14A

3 ¿Qué información podrías hallar bajo **Comederos para colocar en el suelo**?

- ⬭ *Los comederos para colibríes cuelgan de un gancho.*
- ⬭ *A los pájaros les gusta posarse en el comedero.*
- ⬭ *Puedes darles de comer en un comedero de bandeja.*

TEKS 2.14D

> **Sugerencia**
>
> Esta pregunta se refiere a un párrafo específico. Busca bajo el encabezamiento para encontrar la respuesta.

Grado 2: Texto expositivo

4 ¿Qué tipo de comedero tiene un tubo por el cual los pájaros se alimentan?

⬭ un comedero para colibríes

⬭ un comedero de poste

⬭ un comedero de bandeja

TEKS 2.15B

Sugerencia

Mira la ilustración del pájaro alimentándose en el comedero. Vuelve a leer la lectura, ¿qué tipo de comedero es?

5 El autor escribió acerca del comedero de piña de pino para—

⬭ dar datos acerca de las piñas de pino

⬭ describir cómo hacer comer a los pájaros

⬭ explicar cómo hacer un comedero

TEKS 2.14A

Sugerencia

El tíltulo de la lectura es una pista. Pregúntate a ti mismo, ¿qué está tratando de decir el autor?

6 En el párrafo 7, ¿cuál es el último paso para hacer un comedero de piña de pino?

⬭ Rodar la piña por el alpiste.

⬭ Atar la cuerda a la parte superior de la piña.

⬭ Untar de mantequilla de cacahuate la piña.

TEKS 2.14C

ALTO

Nombre _____ Fecha _____

TEKS 2.5C, 2.7, 2.9B, 2.11,
RC-2(D), RC-2(E)

Poesía

Género: Vistazo general

La **poesía** narra un cuento, o describe algo. La poesía puede tener palabras que riman o que se repiten. Un poema puede tener un compás o un ritmo fuertes. La poesía usa los sonidos de las palabras para describir sentimientos.

El poema **rima** cuando dos o más versos acaban con el mismo sonido, como *cocina* y *piscina*. Tiene **ritmo** cuando sus palabras forman patrones rítmicos, como el ritmo de un tambor. Tiene **repetición** cuando sus palabras, frases, rimas, e incluso versos se usan más de una vez.

Algunas poesías narran un cuento. Al igual que la ficción, la poesía tiene personajes, un escenario y una trama.

Al leer, es posible encontrar **sinónimos**, o palabras que tienen casi el mismo significado. También puedes encontrar **antónimos**, o palabras que tienen significados opuestos. Por ejemplo, *fuerte y ruidoso* son sinónimos; *silencioso* y *ruidoso* son antónimos.

Grado 2: Poesía

Nombre _____ Fecha _____

Poesía

Lee esta selección. Luego contesta las preguntas que siguen.
Rellena el círculo de la respuesta correcta.

Mi nueva escuela

1   Hoy fue mi primer día

en la nueva escuela en mi nueva ciudad.

3   "¡Sonríe de oreja a oreja, Noemí!", dijo mamá.

Pero todo lo que podía hacer era <u>fruncir el ceño</u>.

5   Me senté sola en el autobús nuevo,

a mi lado puse mi mochila nueva.

"¿Voy a hacer amigos en esta nueva escuela?"

Me pregunté y suspiré.

En la siguiente parada,

10   una niña se sentó junto a mí.

Estaba en mi nueva clase.

¡Se llamaba Noemí!

Cuando el autobús llegó a la nueva escuela,

me presentó a sus amigos Tim, Teo y Yal

15   ¿Por qué me preocupaba?

Una nueva escuela no está nada mal.

Sugerencia

Este poema cuenta un cuento. Detente después de cada estrofa para decir en tus propias palabras lo que pasó.

Sugerencia

Encuentra las palabras que se repiten en el poema. ¿Qué efecto logra eso?

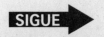 SIGUE

Nombre _____ Fecha _____

1 El autor repite las palabras "nuevo" y "nueva" para—

⬭ mostrar cómo siente las cosas Noemí

⬭ describir la escuela

⬭ explicar porque Noemí va tarde

TEKS 2.7

Sugerencia
Lee de nuevo el poema. Concéntrate en los versos donde se repiten las palabras. ¿Qué siente Noemí?

2 En el verso 3, la frase "Sonríe de oreja a oreja" significa—

⬭ nunca sonrías a la gente

⬭ sonríe con todas las ganas

⬭ abre las orejas al sonreír

TEKS 2.11

3 ¿Por qué frunce el ceño Noemí?

⬭ Tiene muchos amigos nuevos con los que sentarse.

⬭ No tiene ropa nueva que ponerse.

⬭ Le preocupa ir a una nueva escuela.

TEKS 2.9B

Sugerencia
¿Qué sucede en el poema para que Noemí frunza el ceño? Lee el final del poema para ver cómo cambia su manera de pensar.

4 ¿Qué palabra del poema significa lo contrario de fruncir el ceño?

⬭ sonreir

⬭ preguntarse

⬭ preocuparse

TEKS 2.5C

SIGUE ➤

25

5 Noemí se siente mejor acerca de la nueva escuela por—

⬭ su mochila nueva

⬭ el viaje en autobús

⬭ sus nuevos amigos

TEKS RC-2(D)

Sugerencia
Al final del poema, ¿qué ayuda a Noemí a cambiar sus sentimientos?

6 ¿Qué pasa en la siguiente parada de autobús?

⬭ La mamá de Noemí le dice que sonría.

⬭ La otra Noemí sube al autobús.

⬭ Noemí se sienta sola en un asiento.

TEKS RC-2(E)

ALTO

Nombre _____ Fecha _____

Lectura
PRÁCTICA

TEKS 2.3B, 2.5A, 2.5B,
2.5C, 2.6A, 2.9B, 2.11,
RC-2(D), RC-2(E)

> **Lee la siguiente lectura. Después contesta las preguntas que siguen.
> Rellena el círculo de la respuesta correcta.**

El Sr. Putter y Tabby sirven el té
por Cynthia Rylant

El Sr. Putter

1   Antes de obtener a su magnífica gata, Tabby, el Sr. Putter
vivía a solas. Por las mañanas no tenía con quien compartir los
pancitos tostados. Por las tardes no tenía con quien compartir el
té. Y por las noches, El Sr. Putter no tenía a quien contarle sus
historias. ¡Con la de <u>maravillosas</u> historias que podría contar!

2   A lo largo del día, mientras el Sr. Putter podaba los rosales,
alimentaba los tulipanes y regaba los árboles, anhelaba tener a
alguien que le hiciera compañía. Tenía pancitos tostados para
comer. Tenía buen té para servir. Y tenía maravillosas historias
para compartir. El Sr. Putter estaba harto de vivir a solas. Lo que
quería el Sr. Putter era un gato. Así que, un buen día, acudió a
un refugio de animales.

3   —¿Tienen gatos para adoptar? —preguntó al ver al
encargado.

4   —Tenemos uno gris y gordo, uno negro y flaco y una vieja y
atigrada —respondió el hombre.

5   —¿Una vieja, dijo? —preguntó el Sr. Putter.

6   El encargado del refugio le mostró al Sr. Putter la vieja gata
atigrada. Los huesos le crujían, el pelo se le caía y parecía un
poco sorda. Al Sr. Putter también le crujían los huesos, se
estaba quedando calvo y también un poco sordo. Así que se
llevó la vieja gata atigrada a su casa. Le puso de nombre Tabby
y así comenzaron su vida juntos.

El Sr. Putter y Tabby

7   A Tabby le encantaban los tulipanes del Sr. Putter. Era mayor, viejita y para ella, las cosas bellas tenían más valor. Primero, se restregaba con los tulipanes amarillos. Luego, se frotaba con los tulipanes rojos. A continuación, se daba un baño entre los tulipanes rosados. Mientras Tabby se lavaba, El Sr. Putter podaba los rosales.

8   Por las mañanas, al Sr. Putter y a Tabby les gustaba compartir un pancito tostado. El Sr. Putter comía el suyo con <u>mermelada</u>. Tabby comía el suyo con queso cremoso. Por las tardes, al Sr. Putter y a Tabby les gustaba compartir el té. El Sr. Putter lo tomaba con azúcar. Tabby lo tomaba con crema. Y por las noches, se sentaban junto a la ventana y el Sr. Putter relataba historias. Contaba las historias más maravillosas, y cada una de ellas hacía ronronear a Tabby.

9   Durante los días de verano calentaban sus viejos huesos tumbados juntos frente al sol. Durante los días de otoño daban largos paseos por el bosque. Y en los días de invierno ponían música de <u>ópera</u> *a todo volumen*.

10   Tras un tiempo, parecía como si hubieran vivido toda la vida juntos. Tabby sabía justo lo que el Sr. Putter iba a hacer a continuación. El Sr. Putter sabía el lugar justo donde Tabby iba a dormir más tarde.

Lectura
PRÁCTICA

TEKS 2.3B, 2.5A, 2.5B,
2.5C, 2.6A, 2.9B, 2.11,
RC-2(D), RC-2(E)

11   Por las mañanas, cuando abrían los ojos, se buscaban
mutuamente. Y por las noches se buscaban a medida que se
les iban cerrando los ojos. El Sr. Putter ni recordaba ya su vida
sin la presencia de Tabby. Tabby no podía recordar tampoco su
vida sin el Sr. Putter.

12   Vivían una vida común entre tulipanes y árboles. Comían
sus pancitos tostados. Se servían el té. Ponían ópera a todo
volumen, y disfrutaban la mejor compañía de todas: la compañía
mutua.

Nombre _____ Fecha _____

Lectura
PRÁCTICA

TEKS 2.3B, 2.5A, 2.5B,
2.5C, 2.6A, 2.9B, 2.11,
RC-2(D), RC-2(E)

1 Lee las oraciones en la red.

Vive a solas

Cuenta historias maravillosas

Le gustan los gatos

Es amable

¿Cuál debe ir en el centro de la red?

◯ Sr. Putter

◯ Tabby

◯ el encargado

TEKS 2.9B

2 La palabra <u>maravillosas</u> en el primer párrafo significa—

◯ sin asombro

◯ llenas de maravillas

◯ no largas

TEKS 2.5A

3 Tabby es—

◯ una gata gris y gorda

◯ una gata negra y flaca

◯ una gata vieja y atigrada

TEKS 2.3B

4 ¿Qué oración de la lectura dice por qué el Sr. Putter escogió a Tabby?

◯ *Lo que quería el Sr. Putter era un gato.*

◯ *El encargado del refugio mostró al Sr. Putter la vieja gata atigrada.*

◯ *Al Sr. Putter también le crujían los huesos, se estaba quedando calvo y también un poco sordo.*

TEKS RC-2(D)

Grado 2: Práctica de lectura

Nombre _____ Fecha _____

Lectura
PRÁCTICA

TEKS 2.3B, 2.5A, 2.5B,
2.5C, 2.6A, 2.9B, 2.11,
RC-2(D), RC-2(E)

5 ¿De qué tratan principalmente los párrafos 1 y 2?

◯ El Sr. Putter vivía a solas y quería un gato.

◯ El Sr. Putter podaba los rosales y alimentaba los tulipanes.

◯ El Sr. Putter tenía pancitos tostados y buen té.

TEKS RC-2(E)

6 En el párrafo 8, la palabra mermelada significa casi lo mismo que—

◯ mantequilla

◯ jalea

◯ queso

TEKS 2.5C

7 En el párrafo 9, la frase "calentaba sus viejos huesos" significa—

◯ se sentaba al sol

◯ cocinaba jamón

◯ encendía una fogata

TEKS 2.11

8 En el párrafo 9, ¿qué palabra le sirve al lector para saber que ópera es algo que uno escucha?

◯ juntos

◯ bosque

◯ volumen

TEKS 2.5B

9 El Sr. Putter y Tabby pasan tiempo juntos porque—

◯ les gusta dar paseos

◯ quieren abrir una pastelería

◯ les gusta estar juntos

TEKS RC-2(D)

10 Esta lectura le enseña al lector que—

◯ todos necesitamos amigos

◯ los gatos son mejores mascotas que los perros

◯ la gente debería cultivar tulipanes

TEKS 2.6A

ALTO

Grado 2: Práctica de lectura

© Houghton Mifflin Harcourt Publishing Company

Nombre _____   Fecha _____

Lectura
PRÁCTICA

TEKS 2.3B, 2.5A, 2.5B,
2.5C, 2.10, 2.11, 2.14C,
RC-2(D), RC-2(E)

**Lee la siguiente lectura. Después contesta las preguntas que siguen.
Rellena el círculo de la respuesta correcta.**

Robert Fulton

por Jennifer Boothroyd

Un artista talentoso

1   Robert nació el 14 de noviembre de 1765 en Pennsylvania.
De joven, trabajó para un joyero. Robert pintaba muy bien. Su
trabajo era pintar miniaturas en los collares y anillos.

2   Robert quería pintar aún mejor. Viajó a Gran Bretaña para
estudiar pintura con un famoso pintor.

3   Robert se convirtió en un buen pintor. Sin embargo, no era
suficientemente bueno como para ganar mucho dinero
vendiendo sus obras.

Cómo usar el talento

4   Robert pensó en otra manera de usar sus destrezas de pintor.
Decidió diseñar cosas útiles. Sus ideas servirían para resolver
problemas y mejorar cosas y aparatos. Esperaba poder vender
sus ideas. Su primera idea tenía como objetivo transportar más
rápidamente personas y productos.

5   Robert diseñó canales. Los barcos podían viajar más rápido
por los canales que las carretas por los caminos. Así se podrían
transportar productos más rápidamente.

6   Robert alguna vez había visto los planos de un barco submarino. Eso le sugirió otra idea.

7   Robert diseñó un submarino para hundir barcos de guerra. Llevó su idea a Francia.

8   Robert habló con los líderes franceses de su invento. Pero a ellos no les gustó cómo funcionaba.

El socio de Robert

9   En Francia, Robert conoció a un estadounidense llamado Robert Livingston. Livingston sabía que Estados Unidos estaba creciendo aceleradamente. El país necesitaba un método mejor para transportar personas y productos a las nuevas ciudades. Le pidió a Robert Fulton que diseñara y construyera un barco de vapor.

10   Otros inventores habían tratado de construir barcos de vapor, pero ninguno había resultado exitoso.

11   Robert estudió antiguos planos de barcos de vapor. Usó las mejores ideas para diseñar su barco.

12   Conectó dos ruedas con paletas al motor. Las ruedas giran y las paletas empujan el barco a través del agua.

13   Robert probó su nuevo barco de vapor. ¡Funcionó!

SIGUE

33

Nombre _____ Fecha _____

Lectura
PRÁCTICA

TEKS 2.3B, 2.5A, 2.5B,
2.5C, 2.10, 2.11, 2.14C,
RC-2(D), RC-2(E)

Éxito en Estados Unidos

14   Los dos socios viajaron a Estados Unidos. Robert construyó un barco de vapor para navegar por el río Hudson. Iría desde la Ciudad de Nueva York hasta Albany, Nueva York. Este viaje tomaba habitualmente cuatro días. Para ser un éxito, el barco de Robert debería cubrir la distancia en menos <u>tiempo.</u> Por eso le puso un motor más potente a este barco.

15   El barco de Robert hizo el viaje en menos de un día y medio. Su invento había dado resultado.

16   El barco de vapor de Robert se hizo muy popular. Después diseñó otros barcos de vapor para navegar otros ríos de Estados Unidos.

Innovación

17   Muchas de las innovaciones de Robert no fueron ideas originales suyas. El barco de vapor de Robert no fue el primero que se inventó. Sin embargo, a través de la innovación, logró mejorarlo. Robert tenía el talento de tomar una buena idea y hacerla aún mejor.

Grado 2: Práctica de lectura

Nombre _____ Fecha _____

Lectura
PRÁCTICA

TEKS 2.3B, 2.5A, 2.5B,
2.5C, 2.10, 2.11, 2.14C,
RC-2(D), RC-2(E)

1 Sabes que esta es una lectura de no ficción porque—

⬯ cuenta una historia real

⬯ trae una lección o mensaje

⬯ está escrita en verso

TEKS 2.10

2 En el párrafo 4, la palabra <u>transportar</u> significa—

⬯ trastorno

⬯ trasladar

⬯ vaciar

TEKS 2.5A

3 Por la información en el párrafo 4, el lector sabe que Robert—

⬯ tenía mucho tiempo libre

⬯ quería ayudar a la gente

⬯ no le gustaba pintar joyas

TEKS RC-2(D)

4 ¿Qué pasa cuando Robert lleva su nueva idea a Francia?

⬯ Robert diseña canales.

⬯ Los franceses lo rechazan.

⬯ Robert estudia arte en Gran Bretaña.

TEKS 2.14C

5 En el párrafo 9, ¿qué significa la palabra <u>creciendo</u>?

⬯ aprendiendo más

⬯ envejeciendo

⬯ extendiéndose

TEKS 2.11

6 ¿Qué párrafo cuenta cómo hizo Robert el barco de vapor?

⬯ párrafo 11

⬯ párrafo 12

⬯ párrafo 13

TEKS 2.3B

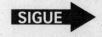

Nombre _____ Fecha _____

Lectura
PRÁCTICA

TEKS 2.3B, 2.5A, 2.5B,
2.5C, 2.10, 2.11, 2.14C,
RC-2(D), RC-2(E)

7 ¿Qué palabra tiene un significado opuesto a <u>empujan</u> en el párrafo 12?

  ◯ giran

  ◯ halan

  ◯ cierran

TEKS 2.5C

8 En el párrafo 14, <u>tiempo</u> significa—

  ◯ duración

  ◯ tormenta

  ◯ error

TEKS 2.5B

9 El barco de vapor de Robert se hizo popular porque—

  ◯ navegaba por ríos y océanos

  ◯ era el único barco de vapor en Estados Unidos

  ◯ sirvió para transportar más rápidamente personas y productos

TEKS RC-2(D)

10 ¿De qué trata principalmente el párrafo 17?

  ◯ La mayoría de las cosas que inventó Robert eran ideas de otros que él mejoró.

  ◯ Otras personas hicieron barcos de vapor. Robert no construyó ninguno.

  ◯ Robert tuvo muchas ideas, al igual que otra gente.

TEKS RC-2(E)

11 Lee la tabla y responde las preguntas de abajo.

Ficción	No ficción
Habla de personajes inventados.	

¿Qué descripción debe ir en la tabla?

  ◯ Tiene acotaciones escénicas.

  ◯ Usa claves para resolver un misterio.

  ◯ Habla sobre personas de la vida real.

TEKS 2.10

Grado 2: Práctica de lectura

> **Lee la siguiente lectura. Después contesta las preguntas que siguen.**
> **Rellena el círculo de la respuesta correcta.**

Cómo crece una semilla
por Helen J. Jordan

1   Una semilla es una planta pequeñita que aún no ha comenzado a crecer. Las manzanas y las margaritas, las zanahorias *y* el maíz, el trébol y el trigo, todos crecen de semillas.

2   Ciertas semillas crecen muy despacio, como sucede con las semillas del roble.

3   El roble es un árbol que crece muy lentamente. Imagínate que siembres la semilla de un roble. Podrías llegar a tener hijos, e incluso llegar a ser un abuelo o una abuela y el roble todavía continuaría creciendo.

4   Otras semillas crecen muy rápido. La semilla de frijol crece tan rápido que en pocas semanas se convertirá en una planta de frijol.

5   Puedes sembrar las semillas de frijol en cáscaras de huevo, en latas, en tazas viejas o en macetas pequeñas. Asegúrate de que los recipientes tengan varios agujeros en el fondo.

6   Si utilizas cáscaras de huevo para sembrar los frijoles abre un agujero en cada cáscara y llénalo de tierra. Haz un hoyo en la tierra de cada cáscara, y coloca una semilla en cada uno. Luego cubre las semillas con tierra. Numera las cáscaras del 1 al 12.

SIGUE

7 Coloca las cáscaras en una caja de huevos y ponla cerca de la ventana, a la luz del sol.

8 Algunas semillas de frijol germinan más rápido que otras.

9 No las podrás ver enseguida, pues las semillas empiezan a crecer debajo de la tierra, donde no es posible verlas.

10 Riega las semillas un poquito todos los días. Las semillas absorben el agua y comienzan a crecer.

11 Poco a poco, absorben más agua. Cada día crecen más.

12 Espera tres días y entonces saca la semilla número 1.

13 Puede que esté blanda y abultada. Pero es posible que esté igual que antes.

14 Pronto la semilla crecerá tanto, que se le reventará la piel.

15 Después de dos días, <u>desentierra</u> la semilla número 2.

16 Una raíz comienza a crecer. Ésta sale de un lado del frijol.

17 La raíz crece dentro de la tierra, hacia abajo. Desentierra el frijol número 3.

18 Si no ves la raíz, espera otro día y entonces saca la semilla número 4.

19 Unos días más tarde, saca la semilla número 5. ¡Algo nuevo ha sucedido! Unas raíces pequeñitas han brotado de la raíz grande. Parecen diminutos pelos blancos. Se les conoce por pelos absorbentes o <u>radicales</u>.

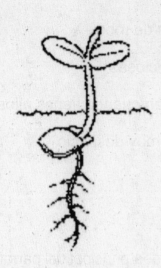

20   Día tras día, las raíces y los pelos absorbentes empujan más y más hacia dentro de la tierra.

21   Día tras día, las semillas de frijol son empujadas hacia arriba y la tierra hacia los lados.

22   Examina las semillas. Pronto verás salir de la tierra unos retoños. Un retoño es el principio de una planta verde que crece hacia el sol.

23   Las semillas de frijol crecen muy rápido. Los retoños se tornan verdes.

24   Las hojas aparecen después. ¡Ya las semillas son plantas de frijol!

25   Una semilla necesita muchas cosas para poder crecer.

26   Necesita tierra, agua y sol.

27   Si una semilla reúne todas estas condiciones, crecerá y se convertirá en una planta. Llegará a ser la misma clase de planta de la cual nació: un manzano, una margarita, una zanahoria o maíz. Crecerá y se convertirá en un trébol o en una planta de frijol como las que sembraste.

1 Las semillas de roble—

◯ son deliciosas

◯ germinan cuando tienes hijos

◯ crecen muy despacio

TEKS 2.14B

2 ¿Cuál es la idea principal del párrafo 5?

◯ Puedes usar cáscaras de huevo para sembrar semillas.

◯ Las tazas viejas y las macetas no sirven para sembrar semillas.

◯ Se pueden sembrar semillas en distintos recipientes que tengan agujeros en el fondo.

TEKS 2.14A

3 ¿Cuál es el primer paso para sembrar una semilla en una cáscara de huevo?

◯ llenar con tierra la cáscara de huevo

◯ abrirle un agujero a la cáscara de huevo

◯ colocar la semilla

TEKS 2.14C

4 En el párrafo 15, la palabra desentierra significa—

◯ la tierra que rodea la semilla

◯ lo contrario de entierra

◯ rociar la semilla

TEKS 2.5A

5 ¿Cuál es el tema de la lectura?

◯ las semillas

◯ la naturaleza

◯ los jardines

TEKS 2.14A

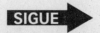
SIGUE

Grado 2: Práctica de lectura

6 Lee las oraciones de la tabla.

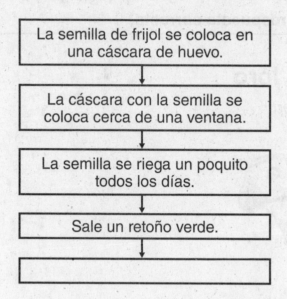

| La semilla de frijol se coloca en una cáscara de huevo. |
| La cáscara con la semilla se coloca cerca de una ventana. |
| La semilla se riega un poquito todos los días. |
| Sale un retoño verde. |
| |

¿Qué oración se debe agregar a la tabla?

- La semilla se hincha.
- Una raíz empieza a crecer.
- Aparecen las hojas de la plantita de frijol.

TEKS 2.14C

7 En el párrafo 19, ¿qué palabras ayudan al lector a saber el significado de <u>radicales</u>?

- *saca la semilla*
- *raíces pequeñitas*
- *la raíz grande*

TEKS 2.5B

8 El autor escribió este pasaje para—

- contar un cuento
- explicar algo
- que la gente hiciera algo

TEKS 2.14A

ALTO

**Lee la siguiente lectura. Después contesta las preguntas que siguen.
Rellena el círculo de la respuesta correcta.**

Teodoro, mi viejo loro

por Juan Luis Dammert

1   Teodoro, mi viejo loro,
    es un loro inteligente
    habla como la gente
    y hasta canta en un coro.

5   Lo llevé a la escuela,
    aprendió el inglés,
    se <u>sacó</u> una estrella,
    diploma en francés.

9   Fue <u>locutor</u> en la radio
    y triunfó como un canario.
    Transmitió en los estadios,

12 se metió de <u>navegante</u>.

13 Sobre el hombro de un pirata,
    se fue por el mundo mi loro.
    Ahora lleva en la pata
    una cadenita de oro.

17 Navega su barco
    los mares del sur,
    ¡muchas aventuras!
    ¿Cuándo volverá?

21 Teodoro, mi viejo loro,
    muy <u>temprano</u> ahora me llama.
    Me dice: Vuelvo mañana.
    Y en el teléfono lloro.

1 En la línea 7, la palabra <u>sacó</u>
significa—

⬭ quitó

⬭ ganó

⬭ descubrió

TEKS 2.5B

2 En las líneas 9 a 12, ¿qué palabra
ayuda al lector a saber lo que
significa <u>locutor</u>?

⬭ triunfó

⬭ estadios

⬭ radio

TEKS 2.5B

3 La rima hace que este poema sea—

⬭ aburrido

⬭ entretenido

⬭ largo

TEKS 2.7

4 En la línea 10, las palabras "triunfó
como un canario" significan—

⬭ tuvo mucho éxito

⬭ ganó un trofeo

⬭ se vistió de amarillo

TEKS 2.11

5 La palabra <u>navegante</u> en la línea
12 significa—

⬭ que nada

⬭ que navega

⬭ que nunca está

TEKS 2.5A

6 En la línea 14, "se fue por el mundo"
significa—

⬭ Voló en un avión a Europa.

⬭ Ya no le gusta el mundo.

⬭ Viajó por muchos lugares.

TEKS 2.11

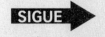

Grado 2: Práctica de lectura

7 Lee las oraciones de la tabla.

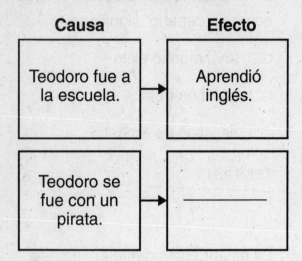

Causa	Efecto
Teodoro fue a la escuela.	Aprendió inglés.
Teodoro se fue con un pirata.	_____

¿Qué efecto se debe agregar a la tabla?

- ⬭ Cantó en un coro.
- ⬭ Transmitió noticias.
- ⬭ Tuvo muchas aventuras.

TEKS RC-2(D)

8 ¿Qué frase del poema muestra que Teodoro la pasa bien?

- ⬭ *Se sacó una estrella.*
- ⬭ *¡muchas aventuras!*
- ⬭ *¿Cuándo volverá?*

TEKS RC-2(D)

9 ¿Qué palabra tiene un significado opuesto a <u>temprano</u> en la línea 22?

- ⬭ tarde
- ⬭ se durmió
- ⬭ se cansó

TEKS 2.5C

10 ¿Por qué llora el dueño de Teodoro?

- ⬭ Se emociona al saber que Teodoro vuelve.
- ⬭ No sabe cuándo vuelve Teodoro.
- ⬭ Se dañó el teléfono.

TEKS 2.9B

11 ¿De qué trata principalmente el poema?

- ⬭ Teodoro es un loro inteligente que tiene muchas aventuras.
- ⬭ Teodoro es un loro que navega con un pirata.
- ⬭ Teodoro y su dueño son muy amigos y viajan juntos.

TEKS RC-2(E)

Grado 2: Práctica de lectura

Escribir una composición de una página

Responder a un tema de escritura

¿Has escrito alguna vez un diario? ¿Escribes informes? La gente emplea la escritura a diario. Es importante saber escribir correctamente, lo cual significa:

- Escribir sobre un suceso o una idea principal

- Organizar tus ideas de forma lógica

- Desarrollar tus ideas con detalles y ejemplos

Cuando tengas que tomar una prueba, uno de los ejercicios será un tema de escritura. Las indicaciones te pedirán que escribas un relato personal o una composición. Las indicaciones incluirán las reglas que debes seguir para escribir. Estas reglas son **LEE** u **OBSERVA, PIENSA** y **ESCRIBE**. Asegúrate de que entiendes las indicaciones.

Paso 1: Planea tu composición

Es muy importante organizar tus ideas antes de escribir.

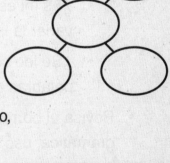

- Una indicación te pide que escribas un relato personal sobre un suceso importante. Dibuja una red. Escribe el suceso importante en el círculo del centro. Anota los detalles acerca del suceso en los demás círculos. Luego, comienza a escribir tu primer borrador.

- Otra indicación te pide que escribas una composición en la que expliques cómo hacer una cosa. Puedes usar un diagrama de flujo. Escribe tu **idea principal** en la parte superior del diagrama. Luego, anota los pasos en los recuadros del diagrama. Asegúrate de que los pasos estén en orden. No escribas más de una página.

SIGUE

Paso 2: Haz un borrador de tu composición

Puedes usar las ideas en tu organizador gráfico para escribir el primer borrador. Debe tener un principio, desarrollo y final. Usa detalles que apoyen la idea principal.

Paso 3: Revisa y corrige tu composición

Vuelve a leer tu borrador. Busca maneras para mejorar la redacción. Por ejemplo:

- Borra las oraciones que no traten sobre el tema y añade otras que lo hagan.

- Usa palabras que sean interesantes para el lector.

- Termina tu composición con una oración importante.

- Hazte preguntas para cada tipo de composición:

    - ¿Cumplen un propósito todas las oraciones? Si no es así, bórralas o vuélvelas a escribir.

    - ¿Está cada una de las oraciones en el mejor lugar? Si no es así, considera cambiar su ubicación.

    - ¿Es mi escritura desigual y entrecortada? Trata de variar la longitud de las oraciones.

    - ¿Se lee con fluidez mi escritura? Si no es así, agrega palabras de transición como *antes, después* o *luego*.

- Revisa el borrador en busca de errores de ortografía, gramática, uso de las letras mayúsculas y puntuación.

- Tu borrador final debe incluir todos los cambios que hayas realizado. Escribe de forma clara y asegúrate de que no ocupe más de una página.

ALTO

Grado 2: Escritura

Nombre _____ Fecha _____

Redacción: Relato personal,

OBSERVA

Observa la ilustración en el recuadro de abajo.

PIENSA

¡Qué divertidas son las sorpresas! Hay muchas maneras en que nos pueden sorprender.

Piensa en una vez en que te sorprendieron. ¿Qué hizo esa persona? ¿Qué sentiste?

> **Sugerencia**
> Como parte de tu plan, elige una ocasión que recuerdes bien.

ESCRIBE

Escribe una composición de una página acerca de una vez en que te sorprendieron.

> **Sugerencia**
> Comprueba tu trabajo. ¿Usaste una letra mayúscula al COMIENZO de cada oración? ¿Pusiste la puntuación adecuada al FINAL de cada oración?

Mientras escribes tu composición, debes —

❑ escribir una historia verdadera acerca de una vez en que te sorprendieron.

❑ poner en orden tus ideas. Usar palabras de tiempo y orden.

❑ usar palabras que muestren cómo te sientes.

❑ usar correctamente la ortografía y la gramática.

❑ no escribir más de una página.

Respuesta de ejemplo: Relato personal

Escribe una composición de una página sobre una ocasión en que alguien te haya sorprendido.

El escritor usa detalles para apoyar la idea principal.

Mi papá me sorprendió un día cuando fuimos a una tienda. Me dijo que cerrara los ojos. No sabía lo que él quería, pero cerré mis ojos. Entonces oí una música. Mi papá me dijo abre los ojos. Y me dijo que podía escoger lo que más me gustara porque había sacado buenas notas en la escuela. ¡Qué premio más bueno!

El escritor usa palabras que muestran su sentimiento de sorpresa.

¡Yo estaba emocionada! Toqué un poco en los teclados y con una pandereta, pero lo que más me gustó fueron las guitarras y la batería. Mi papá dijo ¡no las puedes comprar todos! Tenía que escoger uno solo. Pero de todas modos estaba feliz. Escogí una guitarra. Fue una linda sorpresa.

Respuesta de ejemplo:
Relato personal

> **Escribe una composición de una página sobre una ocasión en que alguien te haya sorprendido.**

> La escritora incluye detalles innecesarios sobre su amiga.

Una vez tuve una sorpresa pero una buena. Iba caminando para mi casa con Raquel ella es mi mejor amiga. Yamos juntas caminando de la escuela a la casa pero ninguno estaba Nas asustamos,

> La escritora confunde al lector al mezclar verbos en pasado y en presente.

Fuimos entonces al patio. Todo el mundo estaba allí. Gritaron ¡SORPRESA! Hay globos de colores. Mi pastel tenía mariposas.
Me dieron muchos regalos ese día.
¡Fue muy DIVERTIDO!

Redacción: Relato personal

TEKS 2.17B, 2.17C, 2.17D, 2.18A

LEE

Lee el cuento en el recuadro de abajo.

> Olga corrió a la parada de autobús tan rápido como pudo. Vio cómo se cerraban las puertas del autobús. Gritó al conductor. Hizo gestos con las manos. Pero el conductor no la vio. El autobús se marchó. Olga regresó a su casa. Su mamá tendría que llevarla a la escuela.

PIENSA

Piensa en un día en que algo te salió mal. ¿Qué salió mal? ¿Qué hiciste?

> **Sugerencia**
>
> Como parte de tu plan, haz una lista de lo que recuerdas de ese día.

ESCRIBE

Escribe una composición de una página acerca de un día en que algo te salió mal.

> **Sugerencia**
>
> Cuando revises tu composición, asegúrate de que tus oraciones se refieran a lo que te salió mal ese día.

Mientras escribes tu composición, debes —

❏ escribir una historia verdadera acerca de ese día.

❏ poner en orden tus ideas. Usar palabras de tiempo y orden.

❏ usar palabras que muestren cómo te sientes.

❏ usar correctamente la ortografía y la gramática.

❏ no escribir más de una página.

Respuesta de ejemplo:
Relato personal

Escribe una composición de una página sobre una ocasión en que tuviste algún problema.

El escritor usa verbos que describen lo que sucedió en el pasado.

El escritor usa palabras como *primero*, *después* y *al final* para organizar sus ideas.

Cuando era pequeño ayudé a mi mamá a hacer pasteles PERO tuvimos un problema. Todo conenzó cuando mi mamá dijo que nesesitaba cosas para hacerlos.

Primero fuimos a la tienda a comprarlas. Yo llevaba el dinero. Después buscamos una cesta. Compramos huevos y mezcla para pastelitos. Mamá me dejó cargar la cesta. Al final fuimos a pagar pero yo no encontraba el dinero.

Mamá dijo que tenía que encontrarlo. Busqué donde tenían la leche, donde estaban las galletas, ¡Y DE PRONTO LO VI! Estaba en el suelo. Mamá se puso contenta, Y yo también. Y comimos pastelitos.

© Houghton Mifflin Harcourt Publishing Company

Grado 2: Relato personal

Nombre _____ Fecha _____

Respuesta de ejemplo: Relato personal

Escribe una composición de una página sobre una ocasión en que tuviste algún problema.

El dia que tuve un ~~problema~~ problema. Perdí mis boletos para un partido de fútbol. Busqué por todas partes. Mamá me ayudó. ¡Pero los boletos no aparecieron! Tuve que ir a la escuela para seguir buscando.

Buena idea. Hayé los boletos en la escuela. Casi era casi inposible llegar a la hora del partido. Pero llegamos a tiempo.

Mi eqdipo son las Águilas. El portero es buenísimo. Las águilas ganaron 2 a 0.

El escritor no explica cómo halló los boletos.

El escritor debe escrbir los sustantivos propios, como el nombre del equipo, con mayúscula.

Grado 2: Relato personal

© Houghton Mifflin Harcourt Publishing Company

TEKS 2.17B, 2.17C, 2.17D, 2.19A

Redacción:
Escritura expositiva

Redacción expositiva

OBSERVA

Observa el dibujo en el recuadro de abajo.

PIENSA

Los días lluviosos no parecen ser divertidos, pero sí lo pueden ser.

Piensa en algo divertido que hacer en un día lluvioso. ¿Qué es? ¿Por qué es divertido?

> **Sugerencia**
>
> Como parte de tu plan, piensa en lo que harías en un día lluvioso.

ESCRIBE

Escribe una composición de una página sobre un día lluvioso.

> **Sugerencia**
>
> Cuando hagas la revisión, asegúrate de que el lector entienda fácilmente tu composición.

Mientras escribes tu composición, debes —

❏ escribir sobre qué hacer en un día lluvioso.

❏ usar una oración principal. Poner las ideas en orden.

❏ desarrollar tus ideas con hechos y detalles.

❏ usar correctamente la ortografía y la gramática.

❏ no escribir más de una página.

Nombre _____ Fecha _____

Respuesta de ejemplo:
Escritura expositiva

Escribe una composición de una página sobre algo divertido para hacer en un día lluvioso.

El escritor incluye una buena oración principal.

Si quieres hacer algo divertido en un día de lluvia ponte a mirar la lluvia. Espera un día de tormenta y de lluvia. La lluvia cae muy fuerte y forma charcos. ¡Es muy divertido chapotear en los charcos! Ponte botas para no mojarte los pies. Pero espera a que termine de llover.

El escritor usa oraciones completas para hablar de algo divertido.

Tanbién puedes contar los truenos. Fíjate en los relámpagos. Los relámpagos son brillantes y rápidos. Cuando veas uno, empieza a contar. Para cuando oigas el ¡PUM! Esto te dise si el trueno cayó lejos o cerca. Es muy divertido contar truenos y mirar la lluvia caer en un día de lluvia.

Grado 2: Escritura expositiva

Respuesta de ejemplo: Escritura expositiva

Escribe una composición de una página sobre algo divertido para hacer en un día lluvioso.

El escritor no comienza con letra mayúscula.

si llueve debes quedarte en casa.
Una cosa divertida es hacer
un teatro de títeres. Tengo
muchos títeres. A veces mi
abuela viene a mi casa y a ella
le gusta ver el teatro de
títeres. Ella siempre
aplaude. Es muy divertido
cuando haces algo y la gente
aplaude.

Yo hice un teatro de
títeres sobre un incendio. La
gente tenía miedo. Pero
todo el mundo se salvó. El
camión de bomberos vino. Vino
un médico y un ayudante.
Hice ruidos con la boca
como un camión de bomberos
Cuando oyes la sirena del
camión tienes que quitarte
del camino.

El escritor no termina con una buena oración de conclusión.

Redacción:
Escritura expositiva

TEKS 2.17B, 2.17C, 2.17D, 2.19A

LEE

Lee las oraciones en el recuadro de abajo.

> En la Tierra viven muchos tipos de animales. Algunos viven en tierra firme. Otros viven en el agua. Otros vuelan por el aire. Todos los animales son interesantes a su manera.

PIENSA

Piensa en un animal interesante. ¿Por qué es interesante?

Sugerencia

Como parte de tu plan, haz una lista de las maneras en que tu animal es interesante.

ESCRIBE

Escribe una composición de una página acerca del animal.

Mientras escribes tu composición, debes —

Sugerencia

Cuando hagas la revisión, asegúrate de no usar las mismas palabras una y otra vez.

❏ escribir acerca del animal.

❏ usar una oración principal. Poner las ideas en orden.

❏ desarrollar tus ideas con hechos y detalles que expliquen por qué es interesante el animal.

❏ usar correctamente la ortografía y la gramática.

❏ no escribir más de una página.

Los mapaches son animales muy interesantes. No duermen por la noche. Otros animales duermen toda la noche. Los mapaches viven en las ciudades y en los bosques. En mi calle viven algunos mapaches. Cuando los ves parece que tuvieran una máscara puesta en la cara.

Los mapaches tienen dientes afilados. Son animales salvajes. ¡Nunca trates de acariciar a un mapache! Podría morderte. Tienen colas rayadas. Pueden treparse a muchos lugares. Saben nadar. A veces hallan su comida en los botes de basura.

Los mapaches son muy inteligentes también. Saben como buscar su comida. Los mapaches son interesantes por que son muy diferentes de otros animales.

Respuesta de ejemplo:
Escritura expositiva

> **Escribe una composición de una página sobre un animal interesante.**

El escritor escribe *jirafa* incorrrectamente. Esto podría confundir al lector.

El escritor no usa muchos detalles para describir el animal.

Los animales son muy interesantes.
La girafa es mi aninal favorito.
La girafas tienen cuellos muy
largos para poder comer las hojas
de arboles altos. En el zoo vi
un bebé girafa muy gracioso.
Las girafas son amarillas y
tienen lunares marrones. Se
parecen un poco a los caballos
¡pero son mucho mas ALTAS!
Me gustaría tener una.

Grado 2: Escritura expositiva

Redacción: Relato personal

OBSERVA

Observa el dibujo en el recuadro de abajo.

PIENSA

A veces necesitamos que alguien nos ayude.

Piensa en alguna vez en que necesitaste ayuda. ¿Para qué
necesitabas ayuda? ¿Quién te ayudó? ¿Cómo?

ESCRIBE

Escribe una composición de una página acerca de una vez
en que necesitaste ayuda.

Mientras escribes tu composición, debes —

❏ escribir una historia verdadera acerca de una vez en que necesitaste ayuda.

❏ poner en orden tus ideas. Usar palabras de tiempo y orden.

❏ usar palabras que muestren cómo te sentiste.

❏ usar correctamente la ortografía y la gramática.

❏ no escribir más de una página.

Redacción: Relato personal

LEE

Lee el cuento en el recuadro de abajo.

> La maestra de Teo distribuyó las pruebas. Teo había estudiado mucho. Esperaba salir bien. La maestra puso la prueba delante de él. ¡Había obtenido un puntaje perfecto! Teo se sintió muy feliz. Sonrió y la maestra le devolvió la sonrisa.

PIENSA

Piensa en algo que te hizo sentir muy contento. ¿Qué fue? ¿Por qué te puso contento?

ESCRIBE

Escribe una composición de una página acerca de una vez en que te sentiste muy contento.

Mientras escribes tu composición, debes —

❏ escribir una historia verdadera acerca de sentirte muy contento.

❏ poner en orden tus ideas. Usar palabras de tiempo y orden.

❏ usar palabras que permitan al lector imaginarse lo que sucede y que muestren cómo te sientes.

❏ usar correctamente la ortografía y la gramática.

❏ no escribir más de una página.

Redacción:
Escritura expositiva

OBSERVA

Observa el dibujo en el recuadro de abajo.

PIENSA

Muchos adultos tienen trabajos importantes. Ayudan a las personas o a los animales. Su trabajo es importante por varias razones.

Piensa en un trabajo importante. ¿Qué trabajo es? ¿Por qué es importante?

ESCRIBE

Escribe una composición de una página acerca de un trabajo importante.

Mientras escribes tu composición, debes —

❏ escribir acerca de un trabajo importante.

❏ usar una oración principal. Poner tus ideas en orden

❏ desarrollar tus ideas con hechos y detalles.

❏ usar correctamente la ortografía y la gramática.

❏ no escribir más de una página.

Redacción: Escritura expositiva

LEE

Lee las oraciones en el recuadro de abajo.

> Marta tenía hambre. Fue a la cocina y miró en el refrigerador. Encontró unos trozos de manzana. Luego abrió un frasco de mantequilla de cacahuate. Untó la mantequilla de cacahuate en la fruta. No podía esperar para comer su merienda. ¡Qué sabrosa!

PIENSA

Piensa en una merienda saludable y fácil de preparar. ¿Qué merienda es? ¿Cómo la preparas?

ESCRIBE

Escribe una composición de una página acerca de cómo preparar una merienda saludable.

Mientras escribes tu composición, debes —

❑ escribir acerca de cómo preparar una merienda saludable.

❑ usar una oración principal. Poner tus ideas en orden.

❑ desarrollar tus ideas con hechos y detalles.

❑ usar correctamente la ortografía y la gramática.

❑ no escribir más de una página.

Revisión

Cuando hayas terminado de escribir el primer borrador, el siguiente paso es la **revisión**. A veces hay partes de una composición que no tienen sentido. A veces hay ideas que están fuera de orden. Con la revisión, arreglas problemas como esos.

Al revisar, puedes eliminar palabras u oraciones que no necesitas. También puedes añadir palabras u oraciones que respalden mejor la idea principal.

Lee esta tabla para obtener más información sobre otras maneras de revisar tu composición.

Comprueba
• Asegúrate de que la oración principal presente claramente la idea principal.
• Asegúrate de que los hechos, los detalles y los ejemplos expliquen la idea principal.
• Asegúrate de terminar con una oración de conclusión que resuma las ideas.
Completa
• Añade palabras, frases y oraciones que se refieran a la idea principal.
Borra
• Borra palabras, frases y oraciones que no se refieran a la idea principal.
Mueve
• Mueve palabras u oraciones que quedarían mejor en otro lugar.
Oraciones
• Usa oraciones completas que no sean igual de largas.

Grado 2: Revisión

Revisión

Lee la introducción y el pasaje. Luego, lee cada pregunta. Rellena
el círculo de la respuesta correcta.

*Diego escribió este informe sobre la flor del estado
de Texas. Necesita ayuda para revisarlo. Léelo
y piensa en los cambios que debe hacer. Luego
contesta las preguntas que siguen.*

La flor de nuestro estado

(1) En algunas partes de Texas, aparecen flores de
color azul al inicio de la primavera. (2) Crecen a lo
largo de las carreteras. (3) Añaden a los pastos. (4) El
lupino es la flor del estado de Texas.

(5) Los lupinos son llamados así por su forma y color.
(6) Cualquier pétalo de la flor es como un bonete, una
especie o tipo de sombrero. (7) Los lupinos crecen.
(8) Florecen desde marzo hasta mayo. (9) En mayo,
los pétalos superiores del lupino se vuelven de color
morado o rojo. (10) El cambio de color significa que
las flores se marchitarán pronto.

(11) El lupino ha sido la flor favorita de Texas desde
hace mucho, mucho tiempo. (12) ¡Ha sido la flor del
estado desde 1901! (13) Cada primavera, la gente
espera ansiosa a que vuelvan a florecer. (14) Los
lupinos necesitan luz solar para crecer.

Sugerencia

Piensa en detalles que Diego
podría añadir para apoyar la
idea principal.

Sugerencia

Si un detalle no va con la idea
principal, hay que borrarlo.

SIGUE

1 ¿Qué cambio se debe hacer en la oración 3?

◯ Añadir *Ellos* antes de **Añaden**

◯ Cambiar *al* por **del**

◯ Añadir *color* después de **Añaden**

TEKS 2.17C

2 ¿Qué oración quedaría **MEJOR** después de la oración 3?

◯ La mayoría de estas flores son azules.

◯ Estas flores se llaman lupinos.

◯ Estas flores crecen en primavera.

TEKS 2.17C

Sugerencia

Añade una oración si el lector necesita más información.

3 ¿Qué cambio se debe hacer en la oración 6?

◯ Cambiar *Cualquier* por **Cada**

◯ Borrar *o tipo*

◯ Borrar *sombrero*

TEKS 2.17C

Sugerencia

Si hay una palabra o palabras que repiten información, hay que borrarlas.

4 ¿Qué frase quedaría **MEJOR** al final de la oración 7?

◯ cerca de la casa

◯ y crecen y crecen

◯ casi todo el tiempo

TEKS 2.17C

SIGUE

Grado 2: Revisión

5 ¿Qué palabra sería **MEJOR** borrar de la oración 11?

◯ favorita

◯ mucho

◯ tiempo

TEKS 2.17C

6 ¿Qué oración **NO** debe ir en el último párrafo?

◯ La oración 12

◯ La oración 13

◯ La oración 14

TEKS 2.17C

Sugerencia
Busca la oración que está fuera de lugar.

> **Lee la introducción y el pasaje. Luego, lee cada pregunta. Rellena el círculo de la respuesta correcta.**

Ramona escribió un cuento acerca de un día de pesca con su padre. Necesita ayuda para revisarlo. Léelo y fíjate en los cambios que debe hacer. Luego contesta las preguntas que siguen.

El pez que se escapó

(1) A mi papá le encanta la pesca. (2) Mi hermana y yo disfrutamos pescar con en el lago. (3) Mi papá, mi hermana y yo pescamos casi todas las semanas. (4) Mi hermana y yo no tuvimos mucha suerte atrapando peces la primera vez que fuimos a pescar. (5) Papá nos ayudó a cebar nuestros anzuelos. (6) Esperamos y esperamos en un lado del lago. (7) ¡Ningún pez!

(8) Papá dijo que debíamos encontrar algo que hacer mientras esperábamos. (9) Nos mostró cómo lanzar piedras al agua. (10) El agua estaba fría. (11) Además perseguimos patos, también. (12) ¡Qué bien lo pasamos!

(13) Cuando regresamos, en uno de nuestros anzuelos había picado por fin un pez. (14) Pero ya era muy tarde. (15) ¡El pez había arrrastrado la caña de papá y hasta el agua! (16) Pescar es divertido, pero a veces, cuando gana el pez.

SIGUE

1 ¿Qué cambio se debe hacer en la oración 2?

○ Quitar *pescar*

○ Añadir **él** después de **con**

○ Quitar *en*

TEKS 2.17C

2 ¿Qué oración quedaría **MEJOR** después de la oración 4?

○ Papá dijo que mejoraríamos con la práctica.

○ Mi hermana juega muy bien al básquetbol.

○ Una vez encontré un billete nuevo en el suelo.

TEKS 2.17C

3 ¿Qué palabra quedaría **MEJOR** al final de la oración 7?

○ esperó

○ saltó

○ picó

TEKS 2.17C

4 ¿Qué oración **NO** debe ir en el segundo párrafo?

○ La oración 8

○ La oración 9

○ La oración 10

TEKS 2.17C

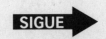

Grado 2: Práctica de revisión

5 ¿Qué cambio se debe hacer en la oración 11?

○ Borrar *Además*

○ Borrar *perseguimos*

○ Borrar *patos*

TEKS 2.17C

6 ¿Qué frase quedaría **MEJOR** después de la palabra *regresamos* en la oración 13?

○ caminando juntos

○ a nuestras cañas

○ a cazar más patos

TEKS 2.17C

7 ¿Qué cambio se debe hacer en la oración 15?

○ Borrar *pez*

○ Borrar *caña*

○ Borrar *y*

TEKS 2.17C

8 ¿Qué quedaría **MEJOR** después de la oración 15?

○ Esperamos no regresar muy tarde a casa.

○ Todos aprendimos una lección.

○ Pescar no es divertido.

TEKS 2.17C

Grado 2: Práctica de revisión

Lee la introducción y el pasaje. Luego, lee cada pregunta. Rellena el círculo de la respuesta correcta.

Carlos escribió un cuento acerca del viaje que hizo con su familia al Parque Nacional Big Bend. Necesita ayuda para revisarlo. Léelo y fíjate en los cambios que debe hacer. Luego contesta las preguntas que siguen.

Guardabosques juvenil

(1) El verano pasado familia visitó el Big Bend. (2) El Big Bend es un parque nacional en el oeste de Texas. (3) ¡Había tanto que explorar! (4) Mi mamá y yo exploramos el bosque cerca de nuestro vecindario una vez.

(5) El Big Bend es muy más hermoso, pero también puede ser peligroso. (6) Yo aprendí a no correr peligro en el parque. (7) También estudié la historia del Big Bend. (8) Aprendí acerca de la gente que vivió en la zona. (9) Tomé fotos de las aves otros animales. (10) Hice dibujos de muchos tipos de plantas. (11) Me convertí en guardabosques juvenil del parque y recibí una insignia. (12) Me sentí muy orgulloso.

(13) Me entusiasma mucho visitar más y más parques nacionales. (14) Ya les he dicho a mis padres a cuáles quiero ir. (15) Me convertiré en guardabosques juvenil de todos los que visite. (16) De esta manera, podré enseñar a otras personas cómo.

1 ¿Qué cambio se debe hacer en la oración 1?

- ⬭ Cambiar *pasado* por **próximo**

- ⬭ Añadir **mi** después de *pasado*

- ⬭ Cambiar *visitó* por **visita**

TEKS 2.17C

2 ¿Qué oración **NO** debe ir en el primer párrafo?

- ⬭ La oración 2

- ⬭ La oración 3

- ⬭ La oración 4

TEKS 2.17C

3 ¿Qué palabra **NO** debe ir en la oración 5?

- ⬭ más

- ⬭ pero

- ⬭ también

TEKS 2.17C

4 ¿Qué oración quedaría **MEJOR** después de la oración 6?

- ⬭ Hay una tienda donde se compran mapas del parque y otros utensilios.

- ⬭ El guardabosques es el encargado de cuidar del parque y de hacer cumplir las reglas.

- ⬭ No hay que salirse de los senderos ni alimentar a los animales.

TEKS 2.17C

Grado 2: Práctica de revisión

5 ¿Cuál es la **MEJOR** manera de revisar la oración 9?

- ⊂⊃ Añadir **otras** después de *las*

- ⊂⊃ Añadir **y** después de *aves*

- ⊂⊃ Añadir **osos** después de *animales*

TEKS 2.17C

6 ¿Qué oración quedaría **MEJOR** después de la oración 12?

- ⊂⊃ No es fácil llegar a ser guardabosques juvenil.

- ⊂⊃ Mucha gente pasa la noche en el parque.

- ⊂⊃ El Big Bend queda muy lejos de la ciudad.

TEKS 2.17C

7 ¿Qué cambio se debe hacer en la oración 13?

- ⊂⊃ Añadir **jamás** después de *más*

- ⊂⊃ Borrar **y más**

- ⊂⊃ Cambiar *nacionales* por **Big Bend**

TEKS 2.17C

8 ¿Qué frase quedaría **MEJOR** después de la palabra *cómo* en la oración 16?

- ⊂⊃ obtener información de nuevos lugares

- ⊂⊃ tomar fotos de animales

- ⊂⊃ disfrutar de nuestros parques nacionales

TEKS 2.17C

Grado 2: Práctica de revisión

Nombre _____ Fecha _____

Corrección

La corrección es el siguiente paso después de la revisión. Al corregir, buscas errores de gramática, puntuación, uso de letras mayúsculas y ortografía. El objetivo es encontrar y corregir errores, especialmente aquellos que puedan confundir al lector.

Lee esta tabla para obtener más información acerca de otras maneras de corregir tu composición.

Gramática

- Asegúrate de haber usado correctamente todos los sustantivos, los verbos, los pronombres, los adjetivos y los adverbios.

- Comprueba que has usado correctamente las preposiciones y las frases preposicionales.

- Comprueba que has añadido palabras de transición para poner tus ideas en orden.

- Asegúrate de distinguir entre las oraciones enunciativas, interrogativas, exclamativas e imperativas.

Puntuación y uso de las letras mayúsculas

- Asegúrate de escribir con letra mayúscula todos los nombres propios.

- Comprueba que has usado correctamente los signos de puntuación al comienzo y al final de las oraciones.

- Comprueba que los nombres de los días de la semana, y los nombres de los meses no se han escrito con letra mayúscula.

Ortografía

- Usa los patrones y las reglas de ortografía para comprobar que escribes las palabras correctamente.

Grado 2: Corrección

Corrección

> **Lee la introducción y el pasaje. Luego, lee cada pregunta. Rellena el círculo de la respuesta correcta.**

Nora escribió instrucciones para hacer un libro de poemas. Necesita ayuda para corregirlas. Léelas y piensa en los cambios que debe hacer. Luego contesta las preguntas que siguen.

Cómo hacer un libro de poemas

(1) Así es cómo se hace un libro de poemas? (2) En primer lugar, escoje un papel con renglones y agujeros. (3) Tiene que ser de esta manera porque vas a pasar un hilo a través de los agujeros cuando hayas terminado. (4) Luego, escribe los poemas que quieras. (5) Podrías escribir acerca de personas o animales. (6) Podrías contar acerca de un lugar donde viviste o visitaste. (7) Sólo escribe una poema en cada hoja.

(8) Ahora, pon los poemas en una píla. (9) Toma dos trozos de hilo. (10) Pon un trozo de hilo a través de los agujeros superiores y ata los extremos. (11) Pon otro trozo de hilo a través de los agujeros inferiores. (12) No te olvides de atar el hilo cuidadoso. (13) Casi has terminado. (14) Por último, muestra el libro a un Amigo. (15) Lean los poemas juntos.

Sugerencia

Una oración interrogativa comienza y termina con signos de interrogación.

Sugerencia

Las palabras que terminan en vocal y se pronuncian más fuerte en la penúltima sílaba, no llevan acento escrito: *casa*.

SIGUE

Grado 2: Corrección

Corrección

TEKS 2.21A(v), 2.21A(iv),
2.22B(i), 2.22D, 2.23A(v),
2.23F

1 ¿Qué cambio se debe hacer en la oración 1?

- ⬭ Cambiar *Así* por **De esta manera**

- ⬭ Cambiar *hace* por **hizo**

- ⬭ Cambiar el signo de interrogación por un punto

TEKS 2.22D

Sugerencia

Pon punto al final de un enunciado.

2 ¿Qué cambio se debe hacer en la oración 2?

- ⬭ Cambiar *escoje* por **escoge**

- ⬭ Cambiar *renglones* por **reglones**

- ⬭ Cambiar *agujeros* por **agugeros**

TEKS 2.23A(v)

3 ¿Qué cambio se debe hacer en la oración 7?

- ⬭ Cambiar *una* por **un**

- ⬭ Cambiar *en* por **para**

- ⬭ Cambiar *hoja* por **oja**

TEKS 2.21A(iv)

Sugerencia

Asegúrate de que el artículo y el sujeto de la oración concuerden.

4 ¿Qué cambio se debe hacer en la oración 8?

- ⬭ Cambiar *en* por **en frente de**

- ⬭ Cambiar *píla* por **pila**

- ⬭ Cambiar el punto por un signo de exclamación

TEKS 2.23F

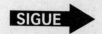

Corrección

TEKS 2.21A(v), 2.21A(iv), 2.22B(i), 2.22D, 2.23A(v), 2.23F

5 ¿Qué cambio se debe hacer en la oración 12?

- ⬭ Cambiar *cuidadoso* por **cuidadosamente**

- ⬭ Cambiar *hilo* por **ilo**

- ⬭ No hacer ningún cambio

TEKS 2.21A(v)

6 ¿Qué cambio se debe hacer en la oración 14?

- ⬭ Cambiar *Por último* por **Luego**

- ⬭ Cambiar *a* por **ha**

- ⬭ Cambiar *Amigo* por **amigo**

TEKS 2.22B(i)

Sugerencia
Escribe los nombres propios con mayúscula, pero no los nombres comunes.

© Houghton Mifflin Harcourt Publishing Company

Grado 2: Corrección

Nombre _____ Fecha _____

Corrección
PRÁCTICA

TEKS 2.17D, 2.21A(i),
2.21A(v), 2.21B, 2.22D,
2.23A(i), 2.23A(iii),
2.23A(v), 2.23A(vi)

> **Lee la introducción y el pasaje. Luego, lee cada pregunta. Rellena el círculo de la respuesta correcta.**

Arturo escribió una carta acerca de sus pinturas y su trabajo en el jardín. Necesita ayuda para corregirla. Léela y fíjate en los cambios que debe hacer. Luego contesta las preguntas que siguen.

La carta de Arturo

Querido tío Juan:

(1) ¿qué tal te ha ido este verano? (2) Sigo usando el estuche de pintura que me conpraste. (3) Espero terminar promto mi nueva pintura. (4) Me encantará mostrártela la próxima vez que nos visites. (5) Creo que te va a gustar mucho?

(6) ¿Te acuerdas de los zetos de flores? (7) Tenemos más flores este año. (8) Una vecina vino a ayudarnos en el jardín oy. (9) Trabajamos rápido porque hacía mucho calor. (10) Papá tiene que llevarnos agua fría para beber.

(11) Hemos trabajado mucho para cuidar las flores. (12) No ha habido mucha lluvia este verano. (13) Las flores necesitan mucha agua. (14) Todo a nuestro alrrededor está muy seco. (15) Espero que llueva más el próximo año.

Muchos cariños,

Arturo

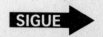

Grado 2: Práctica de corrección

Nombre _____   Fecha _____

1 ¿Qué cambio se debe hacer en la oración 1?

⬭ Cambiar *qué* por **Qué**

⬭ Cambiar *te* por **me**

⬭ Cambiar *ido* por **hido**

TEKS 2.17D

2 ¿Qué cambio se debe hacer en la oración 2?

⬭ Cambiar *sigo* por **siguo**

⬭ Cambiar *me* por **mi**

⬭ Cambiar *conpraste* por **compraste**

TEKS 2.23A(vi)

3 ¿Qué cambio se debe hacer en la oración 5?

⬭ Cambiar *te* por **les**

⬭ Cambiar *va* por **vas**

⬭ Cambiar el signo de interrogación por un punto

TEKS 2.21B, 2.22D

4 ¿Qué cambio se debe hacer en la oración 6?

⬭ Cambiar *Te* por **Se**

⬭ Cambiar *acuerdas* por **acuerda**

⬭ Cambiar *zetos* por **setos**

TEKS 2.23A(v)

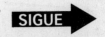

Grado 2: Práctica de corrección

Corrección
PRÁCTICA

TEKS 2.17D, 2.21A(i),
2.21A(v), 2.21B, 2.22D,
2.23A(i), 2.23A(iii),
2.23A(v), 2.23A(vi)

5 ¿Qué cambio se debe hacer en la oración 8?

◯ Cambiar *oy* por **hoy**

◯ Cambiar *ayudarnos* por **ayudarlos**

◯ Cambiar *en* por **desde**

TEKS 2.23A(iii)

6 ¿Qué cambio se debe hacer en la oración 9?

◯ Cambiar *Trabajamos* por **Trabajaremos**

◯ Cambiar *rápido* por **rápidamente**

◯ Cambiar *porque* por **por que**

TEKS 2.21A(v)

7 ¿Qué cambio se debe hacer en la oración 10?

◯ Cambiar *tiene* por **tuvo**

◯ Cambiar *Papá* por **Papa**

◯ Cambiar *beber* por **bever**

TEKS 2.17D, 2.21A(i)

8 ¿Qué cambio se debe hacer en la oración 14?

◯ Cambiar *a* por **ha**

◯ Cambiar *alrrededor* por **alrededor**

◯ Cambiar *está* por **esta**

TEKS 2.23A(i)

Grado 2: Práctica de corrección

Nombre _____ Fecha _____

Corrección
PRÁCTICA

TEKS 2.21A(i), 2.21A(ii),
2.21A(iii), 2.21A(vi),
2.21A(viii), 2.21B, 2.22C,
2.22D, 2.23E

Lee la introducción y el pasaje. Luego, lee cada pregunta. Rellena el círculo de la respuesta correcta.

María escribió un cuento acerca de una visita al zoológico. Necesita ayuda para corregirlo. Léelo y fíjate en los cambios que debe hacer. Luego contesta las preguntas a continuación.

Visita al zoológico

(1) Me encanta ir al zoológico! (2) Tenemos un zoológico maravilla en nuestra ciudad. (3) Es muy grande. (4) Un día no es suficiente para verlo todo.

(5) Mi clase fue de excursión al zoológico el Lunes. (6) Nos divertimos mucho en el viaje. (7) Por último, recorrimos un largo camino en autobús para llegar. (8) Luego, tuvimos que caminar acompañados de un amigo y tratar de estar todos siempre juntos. (9) Vimos muchos animal. (10) Los monos araña fue mis animales favoritos. (11) Un mono estaba abajo de un árbol. (12) Estaba colgado de la rama del árbol.

(13) El autobús estaba esperándonos cuando salimos del zoológico. (14) Cuando regresamos a la escuela, todos hicimos dibujos de nuestro viaje. (15) Nuestro maestro puso las fotos en un libro. (16) Están alli para el que quiera verlas.

Grado 2: Práctica de corrección

Corrección
PRÁCTICA

TEKS 2.21A(i), 2.21A(ii),
2.21A(iii), 2.21A(vi),
2.21A(viii), 2.21B, 2.22C,
2.22D, 2.23E

1 ¿Qué cambio se debe hacer en la oración 1?

- ⬭ Cambiar *zoológico* por **zoologico**

- ⬭ Añadir un signo de exclamación al comienzo de la oración

- ⬭ No hacer ningún cambio.

TEKS 2.21B, 2.22D

2 ¿Qué cambio se debe hacer en la oración 2?

- ⬭ Cambiar *maravilla* por **maravilloso**

- ⬭ Cambiar *nuestra* por **la**

- ⬭ Cambiar *ciudad* por **ciuda**

TEKS 2.21A(iii)

3 ¿Qué cambio se debe hacer en la oración 5?

- ⬭ Cambiar *Mi* por **Mí**

- ⬭ Cambiar *al* por **por**

- ⬭ Cambiar *Lunes* por **lunes**

TEKS 2.22C

4 ¿Qué cambio se debe hacer en la oración 7?

- ⬭ Cambiar *Por último* por **Primero**

- ⬭ Cambiar *en* por **por**

- ⬭ Cambiar *llegar* por **yegar**

TEKS 2.21A(viii)

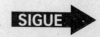
SIGUE

Grado 2: Práctica de corrección

Corrección

PRÁCTICA

TEKS 2.21A(i), 2.21A(ii),
2.21A(iii), 2.21A(vi),
2.21A(viii), 2.21B, 2.22C,
2.22D, 2.23E

5 ¿Qué cambio se debe hacer en la oración 9?

⬭ Cambiar *Vimos* por **Vi**

⬭ Cambiar *animal* por **animales**

⬭ Cambiar el punto final por un signo de interrogación

TEKS 2.21A(ii)

6 ¿Qué cambio se debe hacer en la oración 10?

⬭ Cambiar *Los* por **Las**

⬭ Cambiar *fue* por **fueron**

⬭ Cambiar *favoritos* por **favoritas**

TEKS 2.21A(i)

7 ¿Qué cambio se debe hacer en la oración 11?

⬭ Cambiar *mono* por **monos**

⬭ Cambiar *estaba* por **estuvo**

⬭ Cambiar *abajo* por **arriba**

TEKS 2.21A(vi)

8 ¿Qué cambio se debe hacer en la oración 16?

⬭ Cambiar *alli* por **allí**

⬭ Cambiar *para* por **por**

⬭ Cambiar *quiera* por **quieras**

TEKS 2.23E

Grado 2: Práctica de corrección

Evaluaciones de *Fuente de escritura para Texas*

Nombre _____ Fecha _____

Prueba preliminar

Parte 1: Elementos básicos de la redacción

Preguntas 1 a 10: Lee las oraciones. Escoge la opción que muestra la mejor forma de escribir la parte subrayada. Rellena el círculo de la respuesta correcta.

---

1 Ayer nosotros <u>visitaron</u> los loros en el zoológico.

- ⬭ visitan
- ⬭ visitamos
- ⬭ No hacer ningún cambio.

2 Un loro <u>era</u> verde y azul brillante.

- ⬭ son
- ⬭ eran
- ⬭ No hacer ningún cambio.

3 Los loros usan <u>su</u> dedos para escalar los árboles.

- ⬭ sus
- ⬭ suyos
- ⬭ No hacer ningún cambio.

4 Muchos loros <u>come</u> frutas, frutos secos y semillas.

- ⬭ comían
- ⬭ comen
- ⬭ No hacer ningún cambio.

5 Los macacos son <u>grandes</u> que otros tipos de loros.

- ⬭ más grandes
- ⬭ los más grandes
- ⬭ No hacer ningún cambio.

6 Muchos loros hacen sus nidos <u>por</u> los agujeros de los árboles.

- ⬭ para
- ⬭ en
- ⬭ No hacer ningún cambio.

7 Los loros son animales silvestres, <u>o</u> algunas personas los tienen de mascotas.

- ⬭ pero
- ⬭ así que
- ⬭ No hacer ningún cambio.

8 Sally pone <u>cuidadosamente</u> la comida en la jaula del loro.

- ⬭ cuidadamente
- ⬭ cuidadosa
- ⬭ No hacer ningún cambio.

9 El <u>Loro</u> de Sally sabe hablar.

- ⬭ loro
- ⬭ Loros
- ⬭ No hacer ningún cambio.

10 La próxima semana <u>hacemos</u> un libro acerca de los loros.

- ⬭ hicimos
- ⬭ haremos
- ⬭ No hacer ningún cambio.

Preguntas 11 a 14: Lee las preguntas y rellena el círculo de la respuesta correcta.

---

11 ¿Cuál es una oración completa escrita correctamente?

- ⬭ Mis dos hermanas y yo.
- ⬭ Mamá y papá nos regalaron un perrito.
- ⬭ Un pequeño perrito blanco con orejas peludas.

12 ¿Cuál es la mejor manera de combinar estas dos oraciones?

> Nuestro perrito salta en el patio.
>
> Nuestro perrito corre por el campo.

- ⬭ Nuestro perrito corre y salta en el patio.
- ⬭ Nuestro perrito salta y corre por el campo.
- ⬭ Nuestro perrito salta en el patio y corre por el campo.

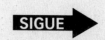

Nombre _____ Fecha _____

13 ¿Qué oración es una pregunta que debe ir entre signos de interrogación?

- ⬭ A nuestro perrito le pusimos Manchas

- ⬭ Manchas tiene seis meses de edad

- ⬭ Cuánto pesa Manchas

14 ¿Cuáles son oraciones seguidas que deben escribirse como dos oraciones?

- ⬭ A nuestra gata no le gusta Manchas ella lo persigue.

- ⬭ Manchas irá al veterinario la próxima semana.

- ⬭ Papá le está construyendo una casita a Manchas.

Preguntas 15 y 16: Un estudiante escribió este párrafo sobre el desfile del Cuatro de Julio. Puede que necesite algunos cambios o correcciones. Lee el párrafo. Luego, lee cada pregunta. Rellena el círculo de la respuesta correcta.

El Cuatro de Julio

(1) El Cuatro de Julio celebramos el cumpleaños de nuestra nación. (2) Por la mañana, hicimos un desfile en nuestra calle. (3) Este año me vestí de Tío Sam. (4) Sue montó un caballito. (5) Juan tocó los tambores. (6) Los niños más pequeños iban sentados en los carromatos. (7) Los carromatos eran rojos. (8) Nosotros tiramos de los carromatos por la calle.

15 ¿Qué tipo de párrafo es este?

- ⬭ expositivo

- ⬭ narrativo

- ⬭ persuasivo

16 ¿Qué oración no es importante y debe sacarse del párrafo?

- ⬭ oración 1

- ⬭ oración 2

- ⬭ oración 7

Nombre _____ Fecha _____

Parte 2: Corregir y mejorar

Preguntas 17 a 24: Lee los pasajes. Escoge la mejor forma de escribir las partes subrayadas. Rellena el círculo de la respuesta correcta.

Mi familia salió de <u>vacasiones</u> de verano en <u>Julio</u>. Fuimos
              17   **18**

a Cape Cod. Eso queda en Massachusetts. Al final del cabo está

Provincetown. <u>Hay</u> una torre muy alta en Provincetown. La torre es un
            19

monumento a los peregrinos. La torre nos recuerda al *Mayflower* y a

los peregrinos que desembarcaron allí hace muchos <u>años</u>,
                                     20.

17 ⬭ bacasiones

⬭ vacaciones

⬭ No hacer ningún cambio.

19 ⬭ Ay

⬭ Ahí

⬭ No hacer ningún cambio.

18 ⬭ Julyo

⬭ julio

⬭ No hacer ningún cambio.

20 ⬭ años.

⬭ años?

⬭ No hacer ningún cambio.

SIGUE ➡

Nombre _____ Fecha _____

5 de julio de 2011

Querida Kristen:

¡Qué afortunada eres! Lo debes estar pasando muy bien en

el campamento. Yo no he podido salir <u>del</u> patio de la casa. Pero
                                       21

sucedió algo bueno. La gata de mi vecina tuvo gatitos. Mamá

dijo que podía quedarme con uno. Pronto traeremos a la gatita

a casa. Mamá y yo <u>tiene</u> que ir de compras. Compraremos
                   22

<u>una caja de arena. un plato para la comida,</u> y juguetes para
                   23

gatos. ¡Estoy ansiosa!

Escríbeme. Te mando muchos saludos.

<u>tu Amiga,</u>
24
Amy

---

21 ○ de el

○ de

○ No hacer ningún cambio.

22 ○ tengo

○ tenemos

○ No hacer ningún cambio.

23 ○ una caja de arena, un plato para la comida,

○ una caja de arena, un plato para la comida

○ No hacer ningún cambio.

24 ○ Tu amiga,

○ Tu Amiga,

○ No hacer ningún cambio.

SIGUE ➡

Nombre _____ Fecha _____

Parte 3: Redacción   Escritura narrativa

LEE

Puedes divertirte mucho si te gusta lo que haces.

PIENSA

Piensa en algún día en que te hayas divertido mucho. Tal vez fue el día en que visitaste un lugar especial o una persona querida.

ESCRIBE

Escribe una composición narrativa en la que relates un día en que hiciste algo divertido.

Mientras escribes tu composición, recuerda que debes

❑ enfocarte en una sola experiencia: un día en que hiciste algo divertido

❑ organizar tus ideas en un orden lógico y conectar las ideas con transiciones

❑ desarrollar tus ideas con detalles específicos

❑ asegurarte de que tu composición no ocupe más de una página

Nombre _____   Fecha _____

Prueba de evaluación del progreso 1

Parte 1: Elementos básicos de la redacción

Preguntas 1 a 10: Lee las oraciones. Escoge la opción que muestra la mejor forma de escribir la parte subrayada. Rellena el círculo de la respuesta correcta.

1 Leímos sobre Cristóbal Colón en <u>nuestras</u> clase.

⬯ nuestra

⬯ nuestro

⬯ No hacer ningún cambio.

2 Colón nació <u>en</u> 1451 en Génova, Italia.

⬯ hacia

⬯ por

⬯ No hacer ningún cambio.

3 Génova <u>están</u> junto al mar.

⬯ está

⬯ estaban

⬯ No hacer ningún cambio.

4 En Génova, sus padres <u>hace</u> ropa.

⬯ hizo

⬯ hacían

⬯ No hacer ningún cambio.

5 Muchos barcos traían oro, especias <u>pero</u> seda de Asia.

⬯ o

⬯ y

⬯ No hacer ningún cambio.

6 Los barcos <u>atracaban</u> en Génova todos los días.

⬯ atracaba

⬯ atracando

⬯ No hacer ningún cambio.

Nombre _____   Fecha _____

7 Para Colón, el puerto era el lugar <u>perfectos</u>.

⬭ perfecta

⬭ perfecto

⬭ No hacer ningún cambio.

8 En un barco, los marineros <u>trabaja</u> mucho.

⬭ trabajan

⬭ trabajas

⬭ No hacer ningún cambio.

9 <u>La calle</u> de la ciudad siempre estaban repletas de personas.

⬭ Las calles

⬭ Las calle

⬭ No hacer ningún cambio.

10 Las carretas y los carruajes viajaban <u>ruidosamente</u> por las calles.

⬭ ruidosa mente

⬭ ruidoso

⬭ No hacer ningún cambio.

Preguntas 11 a 14: Lee las preguntas y rellena el círculo de la respuesta correcta.

---

11 ¿Cuál es una oración completa?

⬭ Las velas blancas y grandes del barco.

⬭ Colón quería ser marinero.

⬭ Después de viajar a Portugal.

12 ¿Cuál es la mejor manera de combinar estas dos oraciones?

> Colón zarpó de Italia.
>
> Colón viajó a Portugal.

⬭ Colón zarpó de Italia, viajó a Portugal.

⬭ Colón zarpó de Italia y viajó a Portugal.

⬭ Colón zarpó y viajó a Italia y Portugal.

SIGUE ➡

13 ¿Cuáles son las oraciones seguidas que deben escribirse como dos oraciones?

⊂⊃ Colón quería encontrar una mejor ruta a Asia.

⊂⊃ Colón navegó por el océano Atlántico.

⊂⊃ Él navegó durante muchos días sus hombres buscaban tierra.

14 ¿Qué oración es una pregunta que debe ir entre signos de interrogación?

⊂⊃ Colón necesitaba dinero para su viaje

⊂⊃ El rey y la reina de España le dieron dinero a Colón

⊂⊃ Cuándo llegó Colón a América

Preguntas 15 y 16: Un estudiante escribió este párrafo sobre cómo secar flores. Puede que necesite cambios o correcciones. Lee el párrafo. Luego, lee cada pregunta. Rellena el círculo de la respuesta correcta.

Cómo secar flores

(1) Las flores son hermosas, pero no duran mucho. (2) Puedes guardar las flores si las dejas secar. (3) Es fácil hacerlo. (4) _____, elige la flor que quieres guardar. (5) Coloca la flor entre dos trozos de papel encerado. (6) Luego, coloca la flor dentro de un libro grande y grueso. (7) Cierra el libro y deja que la flor se seque. (8) Después de una o dos semanas, tendrás una linda flor seca para guardar.

15 ¿Qué tipo de párrafo es este?

⊂⊃ narrativo

⊂⊃ expositivo

⊂⊃ persuasivo

16 ¿Qué palabra completa mejor el espacio en blanco?

⊂⊃ Después

⊂⊃ Finalmente

⊂⊃ Primero

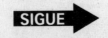

SIGUE

Nombre _____ Fecha _____

Parte 2: Corregir y mejorar

Preguntas 17 a 24: Lee los pasajes. Escoge la mejor forma de escribir las partes subrayadas. Rellena el círculo de la respuesta correcta.

¿Dónde está el desierto más grande del mundo? Está en África. El

Sahara cubre la <u>mallor</u> parte del norte de África. De hecho, tiene casi
        17

el mismo tamaño que los <u>Estados Unidos</u>. Hace mucho calor en el
        18

desierto. Durante el verano en América del Norte, usamos filtro solar

para protegernos la piel. Las personas que <u>biven</u> en el Sahara no
        19

pueden comprar filtro solar en una tienda. En lugar de eso, se <u>cuvren</u>
        20

con túnicas largas y holgadas.

17 ○ mayor

    ○ maior

    ○ No hacer ningún cambio.

19 ○ viven

    ○ biben

    ○ No hacer ningún cambio.

18 ○ Estados unidos

    ○ estados Unidos

    ○ No hacer ningún cambio.

20 ○ cuben

    ○ cubren

    ○ No hacer ningún cambio.

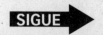
SIGUE

¡<u>A el</u> fin tendremos fiesta!
21

<u>¿Ven a nuestra fiesta?</u> Tendremos <u>juegos carreras</u> y comida.
22   23

Quiénes: Alex y Joe

Cuándo: sábado 9 de julio, a la 1:00 de la tarde

Dónde: en nuestro patio trasero

¡<u>Traigan</u> su traje de baño!
24

---

21 ⬭ Ael

⬭ Al

⬭ No hacer ningún cambio.

23 ⬭ juegos, carreras,

⬭ juegos, carreras

⬭ No hacer ningún cambio.

22 ⬭ Ven a nuestra fiesta.

⬭ Ven a nuestra fiesta,

⬭ No hacer ningún cambio.

24 ⬭ traer

⬭ traigan

⬭ No hacer ningún cambio.

Nombre _____ Fecha _____

Parte 3: Redacción

Escritura expositiva

OBSERVA

Mira el dibujo del recuadro de abajo.

PIENSA

¿Sabes preparar alguna comida? Tal vez sabes preparar un tazón de cereales para el desayuno. Tal vez sepas preparar un sándwich o una ensalada para el almuerzo.

Piensa en una comida que sepas preparar. Piensa en los elementos que necesitas para prepararla.

ESCRIBE

Escribe una composición expositiva en la que expliques cómo preparar una comida.

Mientras escribes tu composición, recuerda que debes

❏ pensar en una idea principal: cómo preparar una comida

❏ organizar tus ideas en un orden lógico y conectar las ideas con transiciones

❏ desarrollar tus ideas con datos, detalles y experiencias

❏ asegurarte de que tu composición no ocupe más de una página

Prueba de evaluación del progreso 2

Parte 1: Elementos básicos de la redacción

> **Preguntas 1 a 10: Lee las oraciones. Escoge la opción que muestra la mejor forma de escribir la parte subrayada. Rellena el círculo de la respuesta correcta.**

1 Casi todas las ranas y los sapos <u>pone</u> sus huevos en el agua.

- ⬭ pones
- ⬭ ponen
- ⬭ No hacer ningún cambio.

2 <u>En</u> el agua los huevos crecen y se convierten en renacuajos.

- ⬭ Por
- ⬭ Sobre
- ⬭ No hacer ningún cambio.

3 ¿Es ese un sapo <u>pero</u> una rana?

- ⬭ y
- ⬭ o
- ⬭ No hacer ningún cambio.

4 Pronto los renacuajos <u>crece y se convierte</u> en ranas.

- ⬭ creció y se convirtió
- ⬭ crecen y se convierten
- ⬭ No hacer ningún cambio.

5 Después de unas semanas, <u>él</u> pueden dejar el agua.

- ⬭ ellos
- ⬭ ella
- ⬭ No hacer ningún cambio.

6 Los huevos de los sapos son <u>los más pequeños</u> que los huevos de las ranas.

- ⬭ más pequeños
- ⬭ pequeños
- ⬭ No hacer ningún cambio.

7 Peter y Jane <u>supieron</u> que había ranas en el estanque.

- ⬭ supo
- ⬭ sabieron
- ⬭ No hacer ningún cambio.

8 Las ranas saltan <u>rápidas</u> de las rocas.

- ⬭ rápidamente
- ⬭ más rápidas
- ⬭ No hacer ningún cambio.

9 A mis tres <u>hermana</u> les gusta atrapar renacuajos.

- ⬭ Hermanas
- ⬭ hermanas
- ⬭ No hacer ningún cambio.

10 Mañana nosotros <u>nadarán</u> en el estanque.

- ⬭ nadaremos
- ⬭ nadaré
- ⬭ No hacer ningún cambio.

Preguntas 11 a 14: Lee las preguntas y rellena el círculo de la respuesta correcta.

---

11 ¿Cuál es una oración completa escrita correctamente?

- ⬭ Poniendo los huevos en un estanque o un arroyo.
- ⬭ Algunas ranas y sapos saltando.
- ⬭ Tres ranas suben a los árboles.

12 ¿Qué oración es afirmativa y debe terminar con un punto?

- ⬭ Casi todas las ranas y sapos comen insectos
- ⬭ Vaya, mira qué rana más grande
- ⬭ Cuántos tipos de sapo conoces

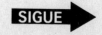

Nombre _____   Fecha _____

13 ¿Cuál es la mejor manera de combinar estas dos oraciones?

> Anna encontró una rana.
>
> Anna la llevó a la escuela.

- ⬭ Anna encontró y llevó una rana a la escuela.

- ⬭ Anna encontró una rana, la llevó a la escuela.

- ⬭ Anna encontró una rana y la llevó a la escuela.

14 ¿Cuáles son oraciones seguidas que deben escribirse como dos oraciones?

- ⬭ La ranita de Darwin se parece a una hoja verde.

- ⬭ Algunas ranas pueden cambiar de color ellas pueden esconderse de sus enemigos.

- ⬭ Un tipo de sapo africano se parece a la corteza de un árbol.

Preguntas 15 y 16: Un estudiante escribió este párrafo sobre cómo los ojos se mantienen limpios. Puede que necesite cambios o correcciones. Lee el párrafo. Luego, lee cada pregunta. Rellena el círculo de la respuesta correcta.

Cómo los ojos se mantienen limpios

(1) ¿Te has preguntado alguna vez cómo se mantienen limpios los ojos? (2) Primero, las pestañas protegen los ojos. (3) Las pestañas evitan que la suciedad y el polvo entren en los ojos. (4) Segundo, los ojos producen lágrimas todo el tiempo. (5) Eso permite que los ojos estén limpios y húmedos. (6) Cuando pestañeamos, esparcimos las lágrimas por los ojos. (7) Las lágrimas se llevan el polvo que se encuentre en los ojos.

15 ¿Qué tipo de párrafo es este?

- ⬭ persuasivo
- ⬭ narrativo
- ⬭ expositivo

16 ¿Cuál sería la mejor oración final para este párrafo?

- ⬭ Los ojos están hechos para cuidarse a sí mismos.
- ⬭ No todos los ojos son del mismo color.
- ⬭ Las personas deberían usar gafas de sol siempre.

SIGUE ▶

Parte 2: Corregir y mejorar

Preguntas 17 a 24: Lee los pasajes. Escoge la mejor forma de escribir las partes subrayadas. Rellena el círculo de la respuesta correcta.

Cada noviembre, el Día de Acción de Gracias cenamos donde

tía Lynette. Mamá carga el carro el <u>miércoles</u>. Nos vamos en cuanto
                                        17

las clases terminan. Nos demoramos unas tres <u>oras</u> en llegar
                                               18

a la casa de mi tía. Cuando llegamos, tía Lynette nos <u>saludan</u>.
                                                        19

<u>al día siguiente,</u> todos nos sentamos a comer una gran cena.
    20

17 ○ Miércoles

 ○ miércole

 ○ No hacer ningún cambio.

18 ○ horas

 ○ hora

 ○ No hacer ningún cambio.

19 ○ saluda

 ○ saludó

 ○ No hacer ningún cambio.

20 ○ Al día siguiente,

 ○ al día siguiente

 ○ No hacer ningún cambio.

SIGUE ➡

Nombre _____ Fecha _____

24 de septiembre de 2011

Estimada Sra. Smith:

Gracias por visitar nuestra <u>clase Sra. Smith.</u> Aprendimos
21

mucho sobre nuestra <u>ciudad,</u> Además escuchamos la manera
22

como podemos ayudar a los demás. No sabíamos que había

tantas personas que necesitan alimento y ropa. Nuestra escuela

decidió ayudar. Este otoño <u>teneremos</u> en la escuela una Feria
23

de la Cosecha. Vamos a donar todo el dinero que consigamos

<u>al</u> Centro de Ayuda para Nuestros Vecinos. Por favor venga a la
24

Feria de la Cosecha.

Atentamente,
Sus amigos de la Escuela Wilson

21 ◯ clase Sra. Smith,

◯ clase, Sra. Smith.

◯ No hacer ningún cambio.

23 ◯ tendremos

◯ tenderemos

◯ No hacer ningún cambio.

22 ◯ ciudad?

◯ ciudad.

◯ No hacer ningún cambio.

24 ◯ a el

◯ el

◯ No hacer ningún cambio.

SIGUE

Nombre _____ Fecha _____

Parte 3: Redacción   Escritura expositiva

LEE

El patio de juegos es el lugar donde juegas con tus amigos.

PIENSA

¿Cuál es tu juego favorito? Puede ser un juego de patear o lanzar la pelota. Puede ser cualquier otro juego.

Piensa en tu juego favorito. ¿Cómo lo juegas con tus amigos?

ESCRIBE

Escribe una composición expositiva en la que expliques cómo juegas a tu juego favorito.

Mientras escribes tu composición, recuerda que debes

❏ pensar en una idea principal: cómo juegas a tu juego favorito

❏ organizar tus ideas en un orden lógico y conectar las ideas con transiciones

❏ desarrollar tus ideas con datos, detalles y razones

❏ asegurarte de que tu composición no ocupe más de una página

Nombre _____ Fecha _____

Prueba posterior

Parte 1: Elementos básicos de la redacción

Preguntas 1 a 10: Lee las oraciones. Escoge la opción que muestra la mejor forma de escribir la parte subrayada. Rellena el círculo de la respuesta correcta.

1 Algunos pájaros <u>tiene</u> alas pero no pueden volar.

- ⬭ tienen
- ⬭ tienes
- ⬭ No hacer ningún cambio.

2 Ellos usan sus alas para equilibrarse mientras escapan <u>rápidos</u> para que no los atrapen.

- ⬭ más rápidos
- ⬭ rápidamente
- ⬭ No hacer ningún cambio.

3 Estos pájaros no pueden volar, <u>pero</u> son muy buenos corredores.

- ⬭ o
- ⬭ y
- ⬭ No hacer ningún cambio.

4 El avestruz es <u>más grande</u> de todos los pájaros.

- ⬭ el más grande
- ⬭ grande
- ⬭ No hacer ningún cambio.

5 ¡Los avestruces adultos <u>crecen</u> hasta medir ocho pies!

- ⬭ crece
- ⬭ crecimos
- ⬭ No hacer ningún cambio.

6 Un avestruz asustado <u>huye</u> a 45 millas por hora.

- ⬭ huyen
- ⬭ huirán
- ⬭ No hacer ningún cambio.

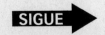
SIGUE

Nombre _____ Fecha _____

7 La mayoría de los avestruces vive <u>en</u> África.

- ⬭ por
- ⬭ hasta
- ⬭ No hacer ningún cambio.

8 El <u>cuerpo</u> de un pingüino está hecho para nadar.

- ⬭ cuerpos
- ⬭ Cuerpo
- ⬭ No hacer ningún cambio.

9 Los pingüinos usan <u>su</u> alas como aletas en el agua.

- ⬭ suyas
- ⬭ sus
- ⬭ No hacer ningún cambio.

10 Los pingüinos se <u>desliza</u> por el hielo sobre su estómago.

- ⬭ deslizas
- ⬭ deslizan
- ⬭ No hacer ningún cambio.

Preguntas 11 a 14: Lee las preguntas y rellena el círculo de la respuesta correcta.

---

11 ¿Cuál es una oración completa?

- ⬭ Shawn pone semillas en el comedero de aves.
- ⬭ Grandes bolsas marrones de semillas.
- ⬭ Mi tía los pájaros todos los días.

12 ¿Cuál es la mejor manera de combinar estas dos oraciones?

> Carl hace comederos de madera para los pájaros.
>
> Carl también hace casas para los pájaros.

- ⬭ Carl hace comederos de madera para los pájaros.
- ⬭ Carl hace comederos de madera y hace casas para los pájaros.
- ⬭ Carl hace comederos de madera y casas para los pájaros.

SIGUE ➡

Nombre _____ Fecha _____

13 ¿Cuáles son oraciones seguidas que deben escribirse como dos oraciones?

○ Hay muchos tipos diferentes de comederos para aves.

○ A algunos pájaros les gustan las semillas de cardo a otros les gustan las semillas de girasol.

○ Generalmente los pájaros pueden encontrar abundante alimento durante el verano.

14 ¿Qué oración es afirmativa y debe terminar con un punto?

○ No dejes que la cámara caiga al agua

○ Qué tipos de pájaros has visto en la costa

○ A mamá le gusta observar los pájaros en el estanque

Preguntas 15 y 16: Un estudiante escribió este párrafo acerca de la biblioteca de su prima. Puede que necesite cambios o correcciones. Lee el párrafo. Luego, lee cada pregunta. Rellena el círculo de la respuesta correcta.

La biblioteca familiar

Mis tíos tienen una biblioteca en su casa. Los estantes están llenos de libros. En una pared, hay un enorme mapa del mundo. Una gruesa alfombra cubre el piso. Eso hace que el salón sea muy silencioso. Podemos acurrucarnos en sillas cómodas. _____, podemos leer toda la tarde.

15 ¿Qué tipo de párrafo es este?

○ expositivo

○ persuasivo

○ descriptivo

16 ¿Qué palabra completa mejor el espacio en blanco?

○ Tercero

○ Luego

○ Antes

Nombre _____ Fecha _____

Parte 2: Corregir y mejorar

Preguntas 17 a 24: Lee los pasajes. Escoge la mejor forma de escribir las partes subrayadas. Rellena el círculo de la respuesta correcta.

Las personas usan clavos de olor como especia. Los clavos de olor

se usan para hacer jamón <u>a el</u> horno y kétchup. También se usan en
17

muchos postres. Los clavos de olor crecen <u>en</u> unos árboles de África.
18

Pero el árbol del clavo no produce flores hasta que tiene <u>sinco</u> años.
19

Antes de que se abran las flores, los <u>grangeros</u> las recogen. Las flores
20

se secan al sol hasta que se vuelven marrones.

17 ⭕ al

⭕ el

⭕ No hacer ningún cambio.

18 ⭕ de

⭕ sobre

⭕ No hacer ningún cambio.

19 ⭕ zinco

⭕ cinco

⭕ No hacer ningún cambio.

20 ⭕ granjerros

⭕ granjeros

⭕ No hacer ningún cambio.

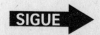 SIGUE

Nombre _____ Fecha _____

26 de febrero de 2011

Querida Susana:

Tengo muy buenas noticias. El <u>Sr Peabody</u>, mi vecino, hizo
21

una venta de jardín <u>ayer</u>? Vendía viejos libros para niños.
22

Había muchos libros interesantes. Yo compré cinco libros

para tu biblioteca. Solo me costaron un dólar. Mi favorito es

<u>*el hombre de jengibre*</u>.
23

Estoy ansiosa por verte la próxima semana.

Tu <u>prima</u>
24
Amanda

21 ⬭ Sr. Peabody

⬭ sr. Peabody

⬭ No hacer ningún cambio.

23 ⬭ *el Hombre de jengibre*

⬭ *El hombre de jengibre*

⬭ No hacer ningún cambio.

22 ⬭ ayer,

⬭ ayer.

⬭ No hacer ningún cambio.

24 ⬭ prima,

⬭ prima.

⬭ No hacer ningún cambio.

Evaluaciones de *Fuente de escritura para Texas*

Nombre _____ Fecha _____

Parte 3: Redacción

Escritura narrativa

LEE

Aprender a hacer cosas nuevas es importante.

PIENSA

Piensa en una ocasión en la que aprendiste a hacer algo nuevo, como andar en bicicleta o atarte los cordones. ¿Quién te lo enseñó? ¿Cuántos años tenías?

ESCRIBE

Escribe una composición narrativa en la que cuentes qué pasó cuando aprendiste a hacer algo nuevo.

Mientras escribes tu composición, recuerda que debes

❏ enfocarte en una sola experiencia: una ocasión en la que aprendiste a hacer algo nuevo

❏ organizar tus ideas en un orden lógico y conectar las ideas con transiciones

❏ desarrollar tus ideas con detalles específicos

❏ asegurarte de que tu composición no ocupe más de una página